KB179673

4차 산업혁명을
대비한

십대
진로
길잡이

4차 산업혁명을
대비한
십대
진로
길잡이

ⓒ 이보경, 2018

초판 1쇄 발행일 2018년 7월 6일
초판 3쇄 발행일 2020년 10월 15일

지은이 이보경
펴낸이 김지영 **펴낸곳** 지브레인^{Gbrain}
편집 김현주
제작·관리 김동영 **마케팅** 조명구

출판등록 2001년 7월 3일 제2005-000022호
주소 04021 서울시 마포구 월드컵로7길 88 2층
전화 (02)2648-7224 **팩스** (02)2654-7696

ISBN 978-89-5979-562-8(43300)

• 책값은 뒤표지에 있습니다.
• 잘못된 책은 교환해 드립니다.

4차 산업혁명을

대비한

십대
진로
길잡이

이보경 지음

작가의 말

4차 산업혁명의 시대가 다가오고 있습니다. 하지만 대부분의 사람들은 4차 산업이 무엇인지 감이 오질 않습니다. 로봇, 빅데이터, 자율주행차, 인공지능 등의 단어를 접하고 있지만 그것이 우리의 삶을 어떻게 변화시킬 것인가에 대해서는 구체적으로 다가오질 않습니다.

이미 많은 미래 학자들은 4차 산업시대에 사라질 직업들의 성격을 단순 반복적인 것들이라고 말하고 있습니다.

20년 안에 사라질 확률이 매우 높은 대표적인 직업들 중의 일순위는 전화상담원이며 이미 구글의 비서 인공지능인 '듀플렉스'는 실제 사람과 같은 자연스러운 대화법으로 개인비서 역할을 하고 있습니다. 내년에 시판될 보스턴 다이내믹스의 '로봇개'는 무거운 짐을 운반하고 계단을 자유롭게 오르내리며 훌륭한 일꾼의 역할을 해낼 것이라고 합니다.

우리가 이러한 변화를 단순히 과학기술 발전에 의한 신기한 일이라고 생각하고 넘겨 버리기엔 4차 산업혁명은 생각했던 것보다 더 빨리 우리의 생활 속 깊숙한 곳까지 다가와 있다는 것을 알아야 합니다. 20년 후 세상의 변화는 현재 직업을 선택해야 할 초, 중고생들에게는 놓쳐서는 안 될 변화입니다. 왜냐하면 그 변화를 인지하지 못하면 앞으로 열심히 공부하고 쌓는 지식이 잘못하면 다쓸데없는 일이 되어 버릴지도 모르기 때문입니다.

그 일은 단순 반복적인 일에만 국한되지 않습니다.

미국 월스트리트에 있는 펀드매니저의 70퍼센트는 인공지능 알고리즘에 의해 예측 분석을 하고 있습니다. 펀드메니저의 일자리는 이미 많이 없어지고 있는 추세입니다. 20년 전만 해도 펀드메니저는 대표적인 고소득 전문직이었습니다.

이러한 변화는 약사나 회계사, 부동산 중개업자에게도 해당될 수 있습니다. 4차 산업이 중심이 될 미래는 앞서 언급하였듯이 어떤 일이든지 단순 반복적이며 짜여진 틀 안에서 행해지는 일을 목표로 해서는 안 됩니다. 왜냐하면 이미 그 일은 로봇이 하고 있을 가능성이 높기 때문입니다.

앞으로 우리는 자신만의 전문적이고 창의적인 컨텐츠를 쌓는 일을 해야 합니다. 창의성을 가지고 변화하며 열린 마음으로 많은 분야의 일들과 융합을 하는 인간 중심적인 일이 대세가 될 것입니다. 미래학자들이 이야기하고 있는 인공지능과 로봇이 발달해도 없어지질 않을 직업의 상위권에는 종교인과 예술가들이 자리 잡고 있습니다. 이러한 일이 상위권에 오르고 있다는 것은 인공지능과 로봇의 발달로 인해 사람이 직업에서 담당하게 될 영역이 어떠한 부분이 될 것인가를 짐작하게 해 줍니다.

그렇다고 모든 아이들이 종교인과 예술인이 될 수는 없을 것입니다. 어떤 직업을 가지고 있던 특정한 직업 안에는 단순 반복적인 업무와 창의적인 영역의 업무가 있습니다. 일례로 교사를 살펴볼까요?

교사가 하는 일에는 크게 아이들의 학습진행, 행정업무, 학부모와 아이들의 상담이 있습니다. 과목을 학습 시키는 일은 다양한 교육 프로그램을 통한 화상 교육과 이미 짜여진 학습 프로그램에 의해 인공지능이 담당하게 될 것입니다. 행정업무도 사물인터넷과 다양한 서류 업무시스템의 발달로 아주 간소화될 것입니다.

하지만 아이들의 생활을 관찰하고 정신적인 성장단계에 맞는 상담과 생활 전반에 걸친 보호와 성취 욕구를 북돋우는 일은 선생님만이 할 수 있는 감성의 영역입니다. 아마 미래의 교사는 후자의 일에 더 치중하게 될 것입니다.

의사도 마찬가지일 것입니다. 수많은 데이터가 축적될수록 훨씬 유리한 진단영역이나 사람의 손으로 불가능할 정도의 미세하고 정교한 수술 등은 이제 로봇이 훨씬 효율적으로 다루게 될 것입니다. 사람 의사는 그런 일에서 벗어나 좀 더 환자와 상담하는 시간을 많이 가지며 환자와의 소통과 교감을 더 많이 하는 의사가 경쟁력이 있게 될 것입니다.

　여전히 많은 사람들에게는 이러한 이야기들이 먼 세상의 일처럼 들릴 것입니다. 여전히 우리는 공무원과 판사, 회계사, 약사와 같은 직업에 우선 순위를 둡니다. 20년 후보다는 현재가 더 피부에 와 닿기 때문입니다.

　하지만 불과 20년 전만 해도 우리는 스마트폰을 알지 못했으며 지금과 같은 초고속 인터넷망도 가지고 있지 않았습니다. 스마트폰과 인터넷으로 변화된 지난 20년간의 정치, 사회, 문화, 경제를 돌아본다면 앞으로 20년의 변화는 쉽게 피부로 와 닿을 만큼 더 가깝게 느껴질 것입니다. 그리고 그 변화는 지난 20년에 비해 훨씬 더 빠르고 강력하며 놀라운 세계가 될 것입니다.

 2018 이 보 경

엔터테인먼트   19

Contents

복지 전문가   99

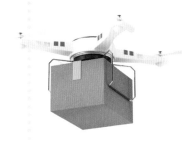

IT 전문가 159

의료 전문가　255

우리는 4차 산업혁명을
어떻게 대비해야 할까요?

4차 산업혁명이란 무엇인가요?

인공 지능, 사물인터넷, 빅데이터, 모바일 등 첨단 정보통신기술이 경제 · 사회 전반에 융합되어 혁신적인 변화가 나타나는 세상을 말합니다.

4차 산업혁명에서는 AI(인공 지능), 사물인터넷(IoT), 빅데이터, 모바일 등 지능정보기술이 다양한 산업 분야와 융합되고 3D 프린팅, 로봇공학, 생명공학, 나노기술 등 여러 분야의 신기술과 결합되어 모든 제품 · 서비스를 네트워크로 연결하고 사물을 지능화합니다.

컴퓨터, 인터넷으로 대표되는 제3차 산업혁명(정보 혁명)에서 한 단계 더 진화한 혁명을 말하는 '제4차 산업혁명'은 2016년 세계 경제 포럼WEF: WorldEconomicForum에서 언급된 후 정보 통신 기술(ICT)을 기반으로 하는 새로운 산업 시대를 대표하는 용어가 되었습니다(IT용어사전, 한국정보통신기술협회 참조).

4차 산업혁명 시대의 미래 직업은 어떻게 될까요?

세계는 이제 4차 산업혁명의 시대가 되었다고 합니다. AI와 인터넷의 시대가 본격적으로 열리면 모든 것이 바뀔 것이라고 합니다. 그리고 그에 맞춰 새로운 직업이 생기고 지금 우리가 알고 있는 직업들은 사라진다고 합니다.

우리는 누구나 직업을 갖게 됩니다. 꿈을 위한 직업이든 내 삶을 살아가기 위해서든 직업은 필요합니다. 그렇다면 4차 산업시대를 맞이해 20대부터 60대까지 최소 40년을 좌우할 나에게 맞는 미래직업은 어떤 것이 있을까요? 과거의 직업이 아니라 미래 사회를 대비하며 좀 더 행복하게 삶의 가치를 추구하며 우리가 선택해야 할 직업은 무엇일까요?

정말 미래사회는 로봇들이 우리 일자리를 빼앗고 우리가 할 일은 사라지게 되는 것일까요? 터미네이터나 매트릭스처럼 ai가 우리를 지배하게 되는 세상이 될까요?

그런 미래 사회는 영화에만 존재할 수도 있고 실제로 일어날 수도 있습니다. 인공지능은 절대 이길 수 없을 거라던 바둑의 최강자가 이젠 알파고니까요. 그렇다고 걱정만 하고 있을 수는 없습니다. 인공지능과 함께 하는 4차 산업혁명의 초입에 우리는 지금 서 있고 세상은 급격하게 바뀔 것입니다.

20년 전의 세상은 어떠했는지 부모님과 선생님께 여쭤 보세요. 그때는 컴퓨터가 이렇게 발전하지도 않았고 핸드폰으로 화상통화를 하고 집안의 가전제품들을 움직이거나 동영상을 찍을 수 없었으며 대부분의 것을 사람들이 직접 해야 했습니다.

하지만 지금은 어떤가요? 공기를 정화해 주는 기계와 내 몸의 건강을 체크해 주는 시계, 수술을 돕는 기계, 인터넷으로 아침에 결제하면 저녁이면 물건이 오는 세상이 되었습니다. 미국에서는 택배 배달을 드론이 하기 시작했고 이제 피자도 배달할 것이라고 합니다.

20년 전 영화 속에서만 보던 세상이 지금 우리가 살고 있는 세상이 되었고 지금 우리가 보는 영화 속 온갖 편리한 환경들은 앞으로 20년 아니 10년 후의 세상이 될지도 모릅니다.

그럼 우리가 그 세상을 살기 위해 준비해야 할 것은 무엇일까요? 10년 후 전 세계는 어떤 직업이 유망직업이 되어 있을까요? 사물인터넷과 빅데이터, 스마트팜, 가상현실 세계는 우리가 사는 세상을 어떻게 바꾸고 있을까요? 2018년 새해를 떠들썩하게 했던 블록체인은 이제 필수가 될 거라고 합니다.

이 책에서는 우리나라에서 4차 산업혁명 시대의 유망 직업으로 소개한 것들 중에서도 좀 더 다양한 미래를 준비할 수 있는 직업들을 소개했습니다.

오른쪽 〈2025년에 발생할 티핑 포인트〉는 미래 사회를 짐작해 볼 수 있는 좋은 자료입니다.

단순노동직과 제조업 등 어렵고, 무겁고, 위험하거나 너무 단순해 기계가 대신할 수 있는 직업들은 사라지게 됩니다. 벌써 음식점에서는 직접 메뉴를 선택하고 결제하면 주방에 자동으로 주문이 뜨면서 서비스가 간소화된 곳들이 있습니다. 편의점 역시 무인시스템이 시범 운영되는 곳들이 있고요.

그렇다고 걱정하지 마세요. 대신 새로운 직업들이 생기고 있습니다. 그런데 그 직업들은 모두 인터넷 환경과 연결되어 있습니다. 이 책에서 소개하는 IT 전문 직종들은 말합니다. 혼자서는 할 수 없기 때문에 협업을 해야 하며 그래서 수많은 일자리가 생길 거라고요. 그런데 그 일자리가 몸은 편해지지만 많은 것을 창의적으로 생각하고 다루어야 한다고 이야기합니다. 기계가 대체할 수 없는 직

2025년에 발생할 티핑 포인트

단위: %

인구의 10%가 인터넷에 연결된 의류를 입는다.	91.2
인구의 90%가 (광고료로 운영되는)무한 용량의 무료 저장소를 보유한다.	91.0
1조 개의 센서가 인터넷에 연결된다.	89.2
미국 최초의 로봇 약사가 등장한다.	86.5
10%의 인구가 인터넷이 연결된 안경을 쓴다.	85.5
3D 프린터로 제작한 자동차가 최초로 생산된다.	84.1
인구조사를 위해 인구센서스 대신 빅데이터를 활용하는 최초의 정부가 등장한다.	82.9
상업화된 최초의 (인체) 삽입형 스마트폰이 등장한다.	81.7
소비자 제품 가운데 5%는 3D 프린터로 제작된다.	81.1
인구의 90%가 스마트폰을 사용한다.	80.7
인구의 90%가 언제 어디서나 인터넷 접속이 가능하다.	78.8
미국 도로를 달리는 차들 가운데 10%가 자율주행 자동차다.	78.2
3D 프린터로 제작된 간이 최초로 이식된다.	76.4
인공지능이 기업 감사의 30%를 수행한다.	75.4
블록체인을 통해 세금을 징수하는 최초의 정부가 등장한다.	73.1
가정용 기기에 50% 이상의 인터넷 트래픽이 몰리게 된다.	69.9
전 세계적으로 자가용보다 카 셰어링을 통한 여행이 더욱 많아진다.	67.2
5만 명 이상이 거주하나 신호등이 하나도 없는 도시가 최초로 등장한다.	63.7
전 세계 GDP의 10%가 블록체인 기술에 저장된다.	57.9
기업의 이사회에 인공지능 기계가 최초로 등장한다.	45.2

※ 출처:〈거대한 변화-기술의 티핑 포인트와 사회적 영향〉, 세계경제포럼, 2015년.

※ 이 자료는 세계경제포럼 내의 '소프트웨어와 사회의 미래'에 관한 글로벌 어젠다 카운슬에서 800명이 넘는 통신기술 분야의 경영진과 전문가를 대상으로 조사를 하여 작성된 것이다.

업, 복잡하고 불규칙적이며 사람의 섬세함을 요구하는 직업들의 가치가 갈수록 올라가는 세상이 될 것이라고요.

그래서 첫 시작을 인터넷 기반으로 우리의 삶을 더 풍요롭고 다양하게 보여줄 수 있는 직업들을 소개했습니다. 유튜버, 개인 창작자들, 싱어 송 라이터, 쉐프 등은 인간의 가치를 보여 주며 창작과 감성이 어우러지는 직업들입니다.

의사, 간호사, 수의사, 물리치료사, 심리상담가 역시 인간에 대한 이해와 교감이 필요하기 때문에 가치가 있는 인간의 영역입니다. 물론 자료나 기본적인 것들은 기계가 대체하겠지만 사람의 영역은 기계가 대체할 수 없습니다. 이 책을 통해 여러분이 준비해야 할 미래를 상상해 보세요. 그리고 꿈을 이루기 위해 필요한 것들을 찾아보고 시작해 보세요.

미래가 막연하고 무서울 수도 있습니다. 그런데 새로운 세상은 더 많은 것을 줄 수도 있습니다. 단 준비가 된 사람에게만 그 기회가 올 것입니다. 몸으로 하는 일은 기계가 하게 될 것이므로 변화하는 사물인터넷의 세상에서 흥미를 가지고 할 수 있는 직업과 그 준비를 시작해 보세요. 이 책이 여러분에게 꿈을 찾아 주는 좋은 조언자가 되기를 바랍니다.

4차 산업혁명 시대의 유망 직업 10선

연번	직업명	이유	관련기술
1	사물인터넷 전문가	사물과 사물이 대화를 나누기 위하여 센싱할 수 있는 기기를 통해서 자료를 수집하고 이 자료를 데이터베이스에 저장하고 또한 저장된 정보를 불러내어 서로 통신할 수 있게 하는 사물인터넷 전문가의 수요가 더욱 증가할 것임.	무선통신, 프로그램 개발 등
2	인공지능 전문가	인간의 인지 · 학습 · 감성 방식을 모방하는 컴퓨터 구현 프로그램과 알고리즘을 개발하는 사람의 수요가 많음.	인공지능, 딥러닝
3	빅데이터전문가	비정형 및 정형 데이터 분석을 통한 패턴 확인 및 미래 예측에 빅데이터전문가를 금융 · 의료 · 공공 · 제조 등에서 많이 요구함. 인공지능이 구현되기 위해서도 빅데이터 분석은 필수적임.	빅데이터
4	가상(증강 · 혼합) 현실전문가	가상(증강)현실은 게임 · 교육 · 마케팅 등에서 널리 사용하고 있으며 가상현실 콘텐츠 기획, 개발 · 운영 등에서 많은 일자리 생성이 기대됨.	가상(증강) 현실
5	3D프린팅전문가	3D프린터의 속도와 재료 문제가 해결되면 제조업의 혁신을 유도할 것으로 기대됨. 다양한 영역(의료 · 제조 · 공학 · 건축 · 스타트업 등)에서 3D프린팅을 위한 모델링 수요 증가 기대됨.	3D프린팅
6	드론전문가	드론의 적용 분야(농약살포, 재난구조, 산불감시, 드라마 · 영화 촬영, 기상관측, 항공촬영, 건축물 안전진단, 생활스포츠 기록 등)가 다양해지고 있음.	드론
7	생명공학자	생명공학이 IT와 NT가 융합되어 새로운 기술이 탄생하고 있음. 생명정보학, 유전자가위 등을 활용하여 질병치료 및 인간의 건강 증진을 위한 신약 · 의료기술이 개발되고 있음.	생명공학, IT
8	정보보호전문가	사물인터넷과 모바일 그리고 클라우드 시스템의 확산으로 정보보호 중요성과 역할이 더욱 중요해짐.	보안
9	응용소프트웨어 개발자	온라인과 오프라인 연계, 다양한 산업과 ICT의 융합 그리고 공유경제 등이 새로운 사업 분야에서 소프트웨어의 개발 필요성이 더욱 증가함.	ICT
10	로봇공학자	스마트공장의 확대를 위해 산업용 로봇이 더 필요하며 인공지능을 적용한 로봇이 교육 · 판매 · 엔터테인먼트 · 개인 서비스에 더 많이 이용될 것임.	기계공학, 재료공학, 컴퓨터공학, 인공지능 등

출처: 한국고용정보원

chapter
1

엔터테인먼트

개인 미디어 콘텐츠 제작자

❓ 개인 미디어 콘텐츠 제작자란 무엇일까요?

'개인 미디어 콘텐츠 제작자'는 직접 제작한 개인적인 취미나 관심사에 대한 영상 콘텐츠를 다양한 미디어 플랫폼에 올려 공유하고 구독자와 조회수에 따라 정해진 수익을 올리는 창작자를 말해요.

💡 개인 미디어 콘텐츠란 무엇인가요?

개인 미디어 콘텐츠는 개인적인 관심사와 주제를 정해 자신이 직접 기획, 촬영, 편집, 연출한 영상을 인터넷 상의 미디어 플랫폼에 업로드하는 콘텐츠를 말해요.

우리나라의 개인 미디어 방송이 시작된 것은 2006년 아프리카 TV와 2008년 유튜브가 동영상 공유 플랫폼을 오픈하면서부터예요.

당신의 꿈은 무엇인가요?

　다양한 분야의 개인 미디어 콘텐츠가 있지만 인기를 끌고 있는 분야는 음악, 게임, 뷰티, 음식, 유아용 장난감 놀이 등이에요.

　초창기에는 방송제작에 능숙하지 않은 개인들이 소소한 관심사를 스마트폰으로 찍어 올려 공유하는 형태로 이루어졌어요.

　하지만 시간이 흐를수록 개인방송에 대한 관심이 높아지고 엄청난 고수익을 내는 BJ(아프리카TV. Broadcasting Jockey)와 유튜버(유튜브 크리에이터)들이 생기면서 미디어 플랫폼 회사에서도 방송 콘텐츠를 더 쉽게 업로드할 수 있는 기술 개발을 꾸준히 해 오면서 전문적인 영상편집 기술을 사용하게 되는 방송인이 생기게 되었지요.

　이러한 결과로 개인 미디어 방송의 질 또한 많이 향상되었으며 개인방송인들을 전문적으로 관리하고 방송을 기획하는 서비스 업체가 생기게 되었어요. 또 라이브 방송을 하면서 시청자와 채팅창을 통해 쌍방향 소통을 하는 방송도 매우

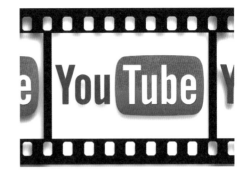

인터넷 세상은 다양한 개인 콘텐츠가 살아 숨쉬는 공간입니다.

인기를 끌고 있어요.

이제 사람들은 언제 어디서나 자신의 관심사와 흥미를 쉽게 찍어 바로 업로드할 수 있게 되었으며 이러한 미디어 환경은 '개인 미디어 콘텐츠 제작자'라는 분야를 탄생시켰습니다

다소 직설적이고 방송에 적합하지 않은 용어와 방송인들의 부적절한 행동으로 인해 문제가 발생하고 있지만 개인 미디어방송은 정형화되고 일방적인 한 방향 시스템인 공중파 방송에 식상함을 느끼던 사람들에게 엄청난 인기를 끌게 되었습니다. 그리고 이제는 오히려 공중파 방송이 개인 미디어 방송 형식을 도입하여 큰 인기를 끌게 되면서 인기 BJ들이 공중파 방송에 출연하는 등 개인 미디어 방송의 영향력은 더욱 커져 가고 있습니다.

💬 개인 미디어 콘텐츠 제작자가 하는 일은 무엇일까요?

개인 미디어 방송은 여러 사람이 협업하던 방송제작 과정을 직접 혼자서 해야 하기 때문에 방송제작에 대한 공부가 필요합니다. 먼저, 개인방송을 하는 제작

자는 방송 콘텐츠의 주제부터 잡고 그에 대한 자료를 모으고 기획하는 일을 해요. 개인적인 취미나 관심사를 주제로 기획하기도 하지만 처음부터 시청자들의 관심사에 맞추어 기획된 방송을 만드는 경우도 있어요. 시청자들 대부분은 10대와 20대가 주류를 이루기 때문에 그들의 관심도를 파악하여 주제를 잡는 기획력이 필요하지요.

실제 방송이 시작되면 프로그램을 어떤 식으로 구성하고 진행할 것인지에 대한 진행방식 연출, 출연자 섭외, 대본, 촬영도구 세팅, 음향조정 등을 점검하고 설치하는 일도 해요.

촬영에는 카메라, 조명, 마이크, 편집도구, 모니터 등이 필요에 따라서 다양한 방송 장비에 대한 공부도 해야 하지요. 요즈음 일부 유명한 개인 미디어 방송인들은 연출과 촬영을 담당하는 PD나 작가와 함께 일하며 전문성을 높이고 있습니다.

영상을 다 촬영한 후에는 영상편집작업을 통해 방송의 완성도와 재미를 높입니다. 영상편집은 일정한 수준의 기술이 필요하며 미디어 플랫폼 회사들은 편리한 영상편집을 위한 기본 편집 도구를 플랫폼 안에 제공해 주고 있다고 해요.

영상편집을 끝낸 후에는 플랫폼에 업로드를 해요. 때에 따라서는 정해진 시간에 실시간 생방송을 하기도 하고요. 실시간 생방송은 편집 과정 없이 바로 영상을 올리기 때문에 시청자와 소통하며 정보와 관심사에 대해 공유할 수도 있습니다.

전문적인 장비를 갖추고 개인 콘텐츠를 제작하는 제작자도 있습니다.

✒ 개인 미디어 콘텐츠 제작자가 되려면 무엇을 준비해야 할까요?

개인 미디어 콘텐츠 제작자를 꿈꾸고 있다면 지금부터 아이템을 잡아 방송을 시작해 보는 것도 좋은 경험이 될 거라고 생각해요. 직접 방송을 하다 보면 무엇이 필요한지 가장 빠르게 알게 되기 때문이지요.

대부분의 개인 미디어 방송인들은 비전문가로 시작해 독학으로 방송 장비와 시스템을 공부하게 된 경우가 많아요. 개인방송을 위해서 꼭 관련 학과를 전공할 필요는 없지만 방송 전반에 대해 관심이 있는 친구라면 방송영상과, 방송제작과, 인터넷 방송과, 공연제작과 등 관련 전공 대학에 진학해서 공부하는 것도 매우 유리하지요.

개인방송은 남녀노소를 불문하고 누구나 자유롭게 만들어 올릴 수 있으며 방송에 쉽게 진입할 수 있기 때문에 사람들은 더욱 개인 미디어방송에 관심을 갖게 되었어요. 이를 통해 성공하고 싶다면 또는 삶에 활력이 되기 위해 시작하는 것이라면 무엇보다 중요한 것은 자신만의 콘텐츠가 있느냐 입니다.

방송은 끊임없이 새로운 콘텐츠와 아이템을 필요로 하는 분야이니만큼 평소에 관심 있는 분야에 대한 자료수집과 사회에 대한 호기심과 관심을 가지며 생각의 폭을 넓히는 노력이 필요해요.

개인방송은 공중파 방송에서는 다룰 수 없는 다양하고 소소한 것들도 가능하며 남이 흉내 낼 수 없는 자신만의 독특한 개성이 필요한 일이에요.

더 많은 것을 가능하게 만드는 인터넷의 세계!

아마 여러분 주변에서도 개인방송을 하고 있는 친구가 있을 수도 있습니다. 만약 편하게 돈을 벌 수 있을 거라는 안일한 생각과 수익에만 초점을 맞추어 방송을 시작한다면 실망감이 클 수도 있습니다. 왜냐하면 짧게는 몇 개월, 길게는 몇 년 동안 개인방송으로 수익을 내기는 쉽지 않고 내 방송을 봐주는 사람이 없을 수도 있기 때문이지요.

개인방송의 수익은 본인 스스로 만들어 내야 해요. 그 수익의 대부분은 광고와 조회수, 구독자수, 별풍선이라는 다양한 방법으로 이루어지며 이러한 수익을 올리기 위해서는 끊임없이 새로운 콘텐츠를 개발하고 많은 사람들의 공감을 불러 일으킬 수 있어야 해요. 그래서 개인 미디어 방송인들은 자신만의 독특한 콘텐츠를 위한 연구와 새로운 분야에 대한 자료수집 그리고 자기 개발이 이루어지지 않으면 안돼요.

하지만 아무리 콘텐츠가 좋고 아이디어가 뛰어나도 성실하지 못하면 성공하기 쉽지 않아요. 공중파 방송과 마찬가지로 개인방송 또한 시청자들과의 약속이기 때문에 일정한 시간에 맞추어 꾸준하게 방송 콘텐츠를 업로드해야 만 지속적인 구독자를 만들 수 있어요. 이제 성실함, 자신만의 컨텐츠 그리고 노력이 필수임을 기억하며 개인 미디어 콘텐츠 제작자가 되어 보세요.

⭐ 개인 미디어 콘텐츠 제작자의 전망은 어떤가요?

유튜브가 생기면서 새로운 직업명이 탄생하게 되었어요. 그것은 일명 '유튜브 크리에이터!' 개인 미디어 콘텐츠를 제작하여 유튜브에 업로드 하는 사람을 칭하는 말이에요.

2014년 미국잡지 〈버라이어티〉가 선정한 '가장 좋아하는 스타' 1위에서 5위까지가 유명 유튜브 크리에이터들이었다고 해요. 13~18세의 청소년 1,500명을 대상으로 이루어진 이 조사는 미국 청소년들에게 유튜브 크리에이터들의 인기도를 실감할 수 있게 해줬어요. 그중 '퓨디파이'는 수백 억의 수익을 올리며 엄청난 구독자를 보유하고 있습니다.

이러한 현상을 보더라도 이제 개인 미디어 콘텐츠 방송은 단순 취미 생활이 아닌 우리 문화와 사회에 큰 영향을 주는 문화적 콘텐츠로 자리 잡고 있다는 것을 알 수 있습니다. 또한 방송문화를 접하는 방식이 10대와 20대를 주축으로 변화하고 있음을 보여 주고 있습니다.

한 방향 소통을 하는 공중파 방송에 비해 개인 미디어 방송은 개인들의 다양한 관심사를 폭넓게 수용하며 방송 선택권이 시청자에게 있다는 점과 실시간 채팅을 통해 양방향 소통이 가능하다는 점에서 기존 공중파 방송과는 다른 엄청난 인기를 끌고 있지요. 이제 사람들은 시간과 장소에 구애받지 않고 언제 어디서나 자신이 원하는 방송을 접할 수 있게 되었으며 함께 소통하고 공유하는 시대에 살게 된 것이지요.

이렇게 개인 미디어방송이 성장하고 있는 만큼 개인 미디어 콘텐츠 제작자들은 책임감을 가지고 방송하는 시대에 접어들게 되었어요. 그래서 점점 직업적 소양도 필요해지고 있습니다. 개인방송을 쉽게 생각하고 방송에 적합하지 않은 용어와 불법적인 행동을 서슴치 않는 방송들로 인해 부정적인 시선도 적지 않은 게 사실이에요. 또한 유튜브나 아프리카 TV의 성공으로 개인방송 플랫폼이 많이 증가하면서 개인방송은 이미 치열한 과도 경쟁을 하게 되어 수익구조의 불투명성과 저작권 문제, 사생활 침해, 정직하지 않은 광고성 방송, 광고수익에만 몰

추억, 영화 소개, 음악 비평, 취미 공유 등 콘텐츠의 종류는 그 무엇도 가능합니다.

두하는 업체, 선전성 논란 등 많은 비판의 목소리가 커지고 있는 점도 우려할 만합니다.

그럼에도 불구하고 개인 미디어 방송은 기존 방송들이 다루지 못한 개인들의 아이디어 넘치고 다양한 분야의 콘텐츠를 전달하면서 새로운 문화콘텐츠의 영역으로 발전하고 있어요. 앞으로 더 다양화되고 개인화되는 미래 사회의 도래와 4차 산업의 발달로 인해 좋아지는 모바일 환경 안에서 개인 미디어콘텐츠에 대한 요구는 더욱 많아질 것으로 예상되고 있어요. 개인 미디어 방송은 MCN^Multi Channel Network과 같은 전문 개인방송 기획회사나 개인 미디어 방송인들을 관리하는 에이전시의 출현으로 상업화되고 조직화되어 가고 있기 때문에 5년 10년 후의 세상은 더 많은 개인 콘텐츠 방송의 세상이 될 것입니다. 여러분도 전문성 있는 기획력을 갖추고 자신만의 독특한 아이니어와 개성으로 도전한다면 많은 사람들에게 재미와 감동을 줄 수 있는 콘텐츠 제작자로서 성공할 수 있을 거라 전망해요.

웹툰 작가

❓ 웹툰 작가란 무엇일까요?

짧은 4컷 만화에서부터 단편, 장편 만화를 직접 제작하여 웹 사이트 상에 올리는 만화작가를 말해요.

💡 웹툰은 무엇인가요?

웹툰은 World Wide Web(웹)의 Web(웹)과 Cartoon의 toon이 합쳐진 한국식 신조어에요. 우리나라에서 발생한 독특한 한국식 만화 콘텐츠로, 카툰Cartoon은 원래 짧은 4컷 만화나 움직이는 만화 형태인 에니메이션을 지칭하는 단어이지만 우리나라에서는 만화책과 만화영화를 따로 구분하지 않고 웹툰이라는 단어를 쓰게 되었다고 해요. 그래서 '웹툰weptoon'은 '인터넷 플랫폼에 만화를 올려 배포하고 공유하는 만화'를 가르키는 단어로서 한국에서만 사용하는 단어가

고민과 고뇌 그리고 번뜩이는 아이디어 속에서 작품이 탄생합니다.

되었지요.

초기의 웹툰은 자신만의 이야기를 일기식으로 올리는 사람들이 등장하면서 시작되었어요.

그래서 2000년대 초반까지만 해도 일상 이야기 중심의 웹툰이 주를 이루었다면 중반부터는 본격적으로 등장한 장르물이 눈부시게 발전하는 인터넷 환경과 만나 잡지 연재 대신 다음과 네이버 플랫폼을 이용한 웹툰의 시대가 시작되어요.

그리고 2010년 스마트폰의 보급으로 웹툰은 다시 한 번 급성장을 하게 돼요. 스마트폰의 발전은 독자들에게 시간과 공간의 제약 없이 어디서든 볼 수 있는 환경을 가능하게 하면서 다양한 콘텐츠와 결합해 영화, 드라마, 애니메이션, cf, 캐릭터 등 다방면에서 활약하게 되어요. '이끼', '치즈인더 트랩', '미생' '신과 함께' 등의 영화와 드라마가 웹툰을 원작으로 하고 있으며 해외에서도 우리나라의 웹툰이 소개될 정도로 자리 잡고 있습니다.

💬 웹툰 작가가 하는 일은 무엇일까요?

웹툰 작가가 하는 일은 웹툰을 그리는 일이에요. 너무나 당연한 말이라고요? 예전 종이만화를 그리던 시절에 비하면 기술적으로 매우 편리해졌지만 그럼에도 불구하고 웹툰 제작 과정은 수많은 작업이 필요한 일이에요.

웹툰 작가는 스토리기획, 콘티 구성, 작화, 컬러링 등 전 과정을 혼자서 해야 하기 때문에 인내력과 끈기가 필요해요.

그렇다면 웹툰은 어떻게 만들까요?

웹툰을 만드는 과정의 첫 번째는 자료조사를 하는 거예요. 내가 그리고 싶은 웹툰의 주제를 정하고 기획한 후 내용에 필요한 자료를 조사하며 무엇을 그리고 싶은지 정해지면 스토리 구상과 등장인물과 주인공의 성격부터 스타일까지 정

만화는 인터넷 세상을 만나 웹툰으로 진화하며 다양하게 변주되어 전성기를 맞이했습니다.

하는 과정이에요.

이러한 자료조사 과정이 끝나고 스토리가 결정되면 본격적인 작화를 시작해요. 연필과 펜으로 그리던 종이만화 시절과는 다르게 지금은 스마트한 도구를 이용하여 웹툰을 그려요.

먼저 웹툰을 그리는 프로그램에는 어도비 포토샵, 어도비 일러스트레이터, 사이툴, 클립스튜디오 등이 있어요. 이러한 프로그램이 설치된 펜 테블릿을 이용하여 콘티를 짜고 스케치를 해요. 콘티란 작가의 의도를 담은 구성이나 줄거리의 흐름을 그림으로 나타낸 것으로, 잘 짜여진 콘티는 줄거리의 흐름을 재미있게 이끌어 나가는 데 중요한 역할을 합니다.

스케치 작업이 끝나면 펜선을 따고 포토샵이나 일러스트레이터 등 다양한 그래픽 프로그램을 이용하여 채색하고 배경을 그리지요. 채색과 배경 과정이 끝나면 다양한 효과와 말풍선을 넣고 마무리합니다.

대부분의 웹툰 작가들은 이 모든 과정을 혼자 하지만 기본적인 과정에 도움을 주는 어시스턴트와 함께 일을 하는 작가들도 있어요.

🖊 웹툰 작가를 하려면 무엇을 준비해야 할까요?

앞서 이야기했듯 웹툰은 모든 과정을 전부 혼자서 기획하고 아이디어를 내야 하는 작업이기 때문에 인내심이 필요한 작업이에요. 번뜩이는 아이디어와 재미있는 스토리도 중요하지만 끈기 있게 스토리를 완성해 나갈 수 있는 참을성과 끝까지 마감하는 책임감을 가져야 하지요.

웹툰 작가를 꿈꾸고 있다면 다양한 분야의 책을 많이 읽으라고 권하고 싶어

작가는 수많은 자료와 상상력을 발휘해 스토리를 완성합니다.

요. 웹툰 작가의 생명은 똑같은 상황을 자신만의 독특한 시선으로 바라볼 수 있는 독창성과 그것을 자신만의 그림으로 표현하는 능력을 갖추어야 하거든요. 이러한 독창성과 표현력은 어느 날 갑자기 하늘에서 내려오는 밝은 빛이 아니라는 걸 꼭 기억해 두세요. 물론 웹툰 작가는 자신의 생각이나 느낌을 그림으로 표현해야 하기 때문에 그림을 잘 그리는 것은 기본이에요.

웹툰을 비롯한 에니메이션 등에 관심이 있다면 전문 에니메이션 고등학교에 진학한 뒤 미술 관련 전공이나 산업디자인, 그래픽 디자인 등의 디자인 관련 학과에서 더 다양한 분야를 심도있게 배우는 것도 유리하겠지요.

하지만 미술을 전공하지 않은 사람들도 웹툰 작가로 활동하는 경우가 많고 다양한 웹툰 플랫폼이 생기면서 예전에 비해서 웹툰 작가로서 데뷔할 수 있는 방법이 다양해지고 있어요. 전공을 하지 않고도 평소에 그림에 소질이 있다면 관련 학원을 통해 컴퓨터 그래픽이나 웹툰을 배우고 공모전이나 개인 블로그, 유명 플랫폼에 직접 올리는 방법으로 데뷔하는 것도 가능해요. 그러니 웹툰 작가를 꿈꾸고 있다면 지금 당장 종이와 펜을 꺼내어 그려보세요. 4컷부터 시작해볼까요?

생각보다 쉽지 않을 수도 있어요. 사실 4컷 만화는 내가 하고자 하는 이야기를 함축적으로 표현해야 하기 때문에 내 생각을 아주 짧으면서도 확실하게 전달할 수 있는 능력이 있어야 해요. 처음엔 무엇을 그려야 할지 떠오르지 않을 수도 있어요. 많은 시간이 걸려도 포기하지 않고 4컷 만화를 완성했다면 이제 여러분은 웹툰 작가로서 한 발자국을 떼기 시작한 거예요.

그림이 좀 이상하다고 실망하지 마세요. 처음부터 잘 그리지는 못하니까요. 그림은 연습하면 돼요. 더 중요한 건 무엇을 이야기하고 싶은가에요. 그렇게 4컷이 완성되면 블로그에나 웹툰 플랫폼에 올려보세요. 많은 사람들에게 호응받을 수도 있지만 아무도 반응하지 않아 실망스러운 결과가 나올지도 몰라요. 그래도 꾸준히 8컷, 16컷, 36컷을 그려갈 수 있다면 그려가는 그 컷 수만큼 여러분은 웹툰 작가로서의 꿈에 점점 다가갈 수 있어요.

종이와 펜 대신 이제는 와콤 태블릿으로 작품을 완성합니다.

⭐ 웹툰 작가의 전망은 어떤가요?

2016년 한국고용정보원에서 분석한 인공지능사회에서 인공지능 확률이 낮은 직업을 조사한 결과 1위에서 10위까지가 전부 예술, 창작 관련 직업군이었으며 그중 5위가 '애니메이터 및 만화가'가 차지했어요.

많은 미래학자들은 4차 산업혁명시대에 살아남을 직업들로 창작활동을 하는 사람들을 꼽지요. 로봇과 인공지능이 아무리 발달한다고 해도 창작의 영역은 로봇으로 대체되기에는 너무나 어려운 분야거든요. 창작 분야마저도 인공지능으로 대체될 거라고 두려워하는 사람들도 있지만 창작의 세계는 아직까지 인간만이 할 수 있는 유일무이한 작업이에요.

웹툰 작가의 최고의 무기는 무한한 상상력이에요. 인간이 가질 수 있는 최고의 뇌 영역이지요. 미래는 나만의 방식으로 나를 표현하며 사람들과 공감할 수 있는 사람이 더 유리한 삶을 살게 될 거 같아요.

웹툰은 이미 다른 다양한 문화 콘텐츠의 중심 소재가 되어 그 영향력을 넓혀 나가고 있으며 문화 콘텐츠의 '창조자'로서 웹툰 작가들의 위상도 점점 올라가고 있어요. 어쩌면 웹툰 작가는 인류가 살아 있는 한 절대 없어지지 않을 직업으로 꼽을 수 있을지도 몰라요.

셰프

셰프란 무엇일까요?

셰프는 전문 분야 요리 기술을 가진 주방의 총책임자를 말해요.

셰프는 어떤 일을 하나요?

셰프^{chef de cuisine}는 우리말로 총괄 주방장을 말해요. 그런데 사실 셰프는 직업명이라기보다 지위명이라고 할 수 있어요. 회사의 부장, 과장, 대리처럼 셰프는 프랑스어로 정찬 요리를 만드는 주방장 중 가장 높은 지위의 사람을 말해요. 주방의 모든 일을 책임지고 총괄하는 주방장으로서 직접 음식을 만들기보다 메뉴를 개발하고 고객의 주문과 주방을 관리하고 주방 운영의 모든 과정을 책임지는 일을 하지요. 그러나 우리나라에서는 요리하는 사람을 이야기해요.

셰프는 총괄 셰프와 총괄 셰프를 보좌하는 수셰프가 있고 숙련도와 전문성에

따라 소테 요리사, 생선 요리사, 로스트 요리사, 그릴 요리사, 프라이 요리사, 채소 요리사, 페이스트리 요리사, 냉동식품저장 요리사, 육류 담당 요리사, 라운드즈먼 등이 있다고 해요.

요리사의 전문 분야는 다양합니다.

💬 셰프가 되려면 무엇을 준비해야 할까요?

셰프라는 위치에 올라가기 위해서는 요리사로서 상당히 많은 경력을 쌓아야 해요. 자기의 전문 요리 분야에서 오랜 숙련 기간을 가져야 할 뿐만 아니라 주방의 총괄을 맡기 위해서는 경영 감각과 홍보, 사람들과 소통 능력, 협업 등 다양한 업무 능력 또한 필요하기 때문이지요.

처음부터 셰프로 시작하는 요리사는 없어요. 전문 요리 분야의 조리사 과정부터 시작하여 실력을 차근차근 쌓아가야 해요. 우리나라에는 전문 조리사 자격증으로 숙련도 순으로 가장 기본 단계인 조리기능사부터 조리산업기사, 조리기능장이 있어요. 모두 국가 자격증이며 요리 분야로는 한식, 중식, 일식, 양식, 복어 (독성이 강한 생선)가 있지요.

요리사가 될 수 있는 가장 빠른 길은 요리 전문고등학교와 전문대학을 전공하고 조리사 자격증을 따는 방법이에요. 우리나라에는 한국 조리과학 고등학교가 있고 외식 조리과, 조리과학과, 호텔조리과, 식품영양학과, 식품조리과, 전통조리과 등이 대학에서 전공할 수 있어요.

관련 학과를 전공하지 않고 바로 외국의 유명한 요리학교로 유학을 가는 경우도 있어요. 세계적으로 유명한 요리학교로는 프랑스의 르꼬르동블루^{LeCordonBleu}와 미국의 CIA^{Culinary Institute of America}, 일본의 츠지조리사 전문학교가 있습니다.

이렇게 다양한 과정을 거쳐 전문 분야의 요리사가 되면 호텔이나 고급 레스토랑, 외식 프랜차이즈 회사 등에서 경력을 쌓고 독립하여 개인 식당 운영을 하며 자신만의 독특한 요리를 선보이기도 하지요.

셰프가 되기 위해서는 오랜 시간 주방의 식재료를 나르는 단계에서부터 보조 요리사 등 차근차근 올라가야 하지요. 그렇게 시간이 흘러 실력을 쌓으면 수셰프를 거쳐 셰프가 될 수 있어요.

상황에 따라 다르겠지만 일반적으로 셰프의 지위까지 오르는 데는 상당한 시간이 걸리는 것이 사실이에요. 요리사는 매우 정밀한 미각을 가지고 있어야 하며 체력도 갖추어져야 해요. 주방은 셰프의 지시에 따라 일사분란하게 움직이는 곳이죠. 밀려드는 주문을 실수 없이 소화해야 하고 하루 종일 서서 하는 일이기 때문에 체력은 필수입니다. 그리고 주방이라는 한정된 공간에서 하루 종일 일해야 하기 때문에 정신적인 스트레스 또한 많다고 합니다. 그렇기에 요리에 대한 열정이 매우 강해야 힘든 숙련 과정을 이겨낼 수 있어요.

요리의 세계는 나라마다 사람마다 다양한 맛과 기호가 있어 사람들의 입맛을 잘 아는 감각과 문화에 대한 이해도 있어야 해요.

요리 실력을 쌓아 셰프가 되면 새로운 메뉴를 개발하는 일도 하게 돼요. 많은 사람들은 새로운 메뉴에 대한 호기심이 있지요. 늘 먹던 피자도 새로운 메뉴가 출시되면 꼭 한번 시켜보게 되잖아요? 이러한 사람들의 욕구를 충족시켜 자신만의 새로운 메뉴를 만들어 성공시키는 일은 매우 큰 보람과 자긍심이 생기는 일이지요. 셰프는 주방을 통솔하고 이끌어야 하기 때문에 뛰어난 의사소통 능력과 협업능력을 필요로 해요. 모든 직업에는 소명의식이 필요하듯 이 직업 역시 "나는 요리하는 것이 정말 즐겁고 행복한가?" 스스로에게 물어보고 이제부터 준비를 시작한다면 긴 호흡이 필요한 셰프의 길에서 혼란을 줄일 수 있을 거예요.

📝 셰프의 전망은 어떤가요?

만약 4차 산업이 발달하여 요리하는 로봇이 나온다면 더 이상 요리사는 필요하지 않을지도 몰라요. 너무 암울한 이야기라고요? 이 말을 다시 바꿔볼까요.

"요리만 하는 요리사는 이제 필요 없어질지 몰라요"가 더 맞는 말이 될 거예요. 이미 '몰리'라는 요리하는 로봇 팔이 출시를 앞두고 있다고 해요. 몰리는 레시피를 한 치의 오차도 없이 수행할 것이며 절대 태워 먹지도 않을 거예요.

'몰리'가 시판되면 정말 셰프는 필요없어질까요?

답은 '아니다'에요. '몰리'는 정해 준 레시피대로 아주 훌륭하게 요리를 해 낼 거예요. 하지만 새로운 요리를 창조할 수는 없어요. 셰프는 요리사이지만 한편으로는 창작자이기도 해요. 새로운 메뉴를 만든다는 것은 창작의 영역이거든요.

셰프가 새로운 메뉴를 개발하는 일은 수많은 나라의 음식문화를 이해해야 하며 각종 육류, 채소, 어패류 등과 같은 식재료의 특성을 알고 있어야 하고 또한 양념의 장·단점과 사람들의 기호까지 생각해야 하는 종합적인 판단력이 필요

고객의 만족을 위해 요리사가 신경 써야 할 부분은 많습니다.

한 일이에요. 그래서 새로운 음식을 만들어내는 것은 사람인 셰프만이 할 수 있는 일이지요. '몰리'가 있어서 주방이 좀 더 빨라지고 편해지기는 하겠지만 몰리의 데이터 안에 존재하지 않는 음식은 '몰리'가 만들 수 없어요. 또한 몰리는 시금치와 섬초(시금치보다 단맛이 강함. 시금치종류)의 맛의 차이도 알지 못할 거예요.

셰프는 매우 전문적인 일이에요. 그래서 실력과 전문성을 갖추지 못하면 살아남을 수 없는 일이기도 하지요. 셰프를 꿈꾸고 있다면 창의력 넘치는 셰프를 목표로 노력하기를 바라요. 실력과 창의적인 열정을 갖춘 셰프는 언제 어디서나 환영받을 테니까요.

가족이 모여 앉아 저녁을 함께 먹던 과거와는 달리 산업화가 진행되고 서비스 사회로 접어 들면서 외식문화가 점점 늘어나게 된 현대 사회는 미각과 시각을

요리사는 칼과 불을 다루기 때문에 안전 수칙을 숙지하고 있어야 하며 신중하게 도구와 재료들을 사용해야 합니다.

만족시키는 외식 사업의 중요성이 커지고 있습니다. 돌잔치, 생일파티, 결혼 등등 가족 내의 잔치도 외식의 전문 분야로 자리잡고 있지요.

세계화의 진행은 전문성 있는 요리사들과 셰프들이 활동할 수 있는 영역을 폭넓게 만들어 주는 중요한 요인 중 하나가 되었습니다. 따라서 자신만의 전문성을 가진 셰프가 된다면 다가오는 미래에는 셰프에게 더 많은 활동의 기회가 주어질 것으로 전망되고 있어요.

❓ '메이크업 아티스트'는 무엇일까요?

메이크업 아티스트는 화장법을 연구하고 화장 기술을 이용하여 얼굴의 장점을 살리고 단점을 보완하여 아름답게 꾸미는 전문가를 말해요.

💡 '메이크업'은 무엇일까요?

한참 인기를 누리고 있는 유튜버들 중에는 메이크업을 주제로 방송하는 '메이크업 아티스트'들이 있습니다. 요즈음은 여성뿐만 아니라 남성들도 메이크업과 기초 화장에 관심을 갖고 있어요. 외모를 관리하려는 노력은

메이크업을 한 모델의 눈.

모델에게 메이크업 중인 아티스트.

남녀노소 상관없는 모든 사람들의 관심사가 되었지요.

메이크업 make-up 은 '보완하다'라는 뜻을 가진 영어 단어로 뷰티 beauty 관련 용어예요. 화장 기법과 기술을 이용하여 얼굴의 단점을 보완하고 아름답게 만들어 주는 과정이지요.

메이크업의 영역은 매우 다양해요. 평소에 우리가 자신을 위해 하는 화장인 내츄럴 메이크업과 연극이나 패션쇼 등에 출현하는 배우와 모델들에게 조명에 어울리는 화장을 해 주는 스테이지 메이크업, 결혼식을 위한 웨딩 메이크업, 광고 사진을 찍기 위한 광고, 사진, 패션 메이크업 등 굉장히 다양한 분야가 있어요. 또 높은 수준의 기술을 요구하는 바디 페인팅 Body Painting 과 특수 분장도 메이크업 분야에 들어가요.

'메이크업 아티스트'가 하는 일은 무엇일까요?

'메이크업 아티스트'는 고객의 눈, 코. 입, 얼굴의 형태와 피부색 등에 어울리는 색채를 고려하고 얼굴의 보완점을 잘 파악하여 화장을 해요. 결혼식, 졸업식, 면접 등 고객 상황을 잘 이해하고 고객의 장점을 최대한 살릴 수 있도록 돕는 일이죠. 메이크업은 헤어와 의상과도 잘 조화를 이루는지 살피며 작업한다고 해요.

메이크업 아티스트들의 진출 분야는 다양합니다. 그래서 일하는 분야에 따라 생활 패턴이 많이 다릅니다.

먼저, 화장품 브랜드 업체에서 일하는 메이크업 아티스트들은고객들에게 어울리는 화장품을 직접 메이크업해 주며 고객에게 필요한 제품을 판매하는 일을 해요. 일반적으로 백화점의 유명 화장품 브랜드 코너에서 일을 하며 정시 출, 퇴근을 하기 때문에 비교적 생활 패턴이 일정한 것이 장점이에요. 또한 회사의 제품에 대한 이해를 바탕으로 화장법을 연구하고 고객을 대상으로 새로운 화장 트랜드에 대해 시연하는 일도 해요.

두 번째는 영화나 연극 · 방송으로 진출한 경우, 감독이나 피디, 배우와 메이크업 방향에 대해 의논하고 작품에 맞는 분장을 하지요.

광고나 패션 사진을 담당하는 메이크업 아티스트들은 현장에서 사진가나 디자이너들과 광고와 사진의 콘셉트에 대한 충분한 의견을 교환하고 그것들에 어울리는 메이크업을 해요.

방송, 영화, 연극 분야는 공연장이나 영화제작 장소 등 현장에 직접 나가서 일을 하기 때문에 불규칙한 생활 패턴을 감수해야 하는 반면 자유롭게 활동할 수 있는 것이 장점이라고 해요.

웨딩 업체에서 일하는 메이크업 아티스트는 결혼식 스케줄에 맞추어 주말에 일을 하는 경우가 많아서 다른 사람과 휴식 패턴이 맞지 않는다는 단점이 있지만 비교적 자유로우며 어느 정도 실력이 쌓이면 업체에 소속되지 않고 프리랜서나 개인 창업을 할 수 있는 것이 장점이에요.

메이크업 아티스트들은 전문학과를 이수하고 자격을 취득한 후 메이크업 강사로 활동할 수도 있다고 해요.

✒️ '메이크업 아티스트'를 하려면 무엇을 준비해야 할까요?

메이크업 아티스트를 전문적으로 하기 위해서는 뷰티스타일과, 뷰티아트과, 뷰티케어과. 메이크업과 등의 관련 전공을 하면 유리해요. 관련 전공을 하지 않고 뷰티 관련 전문학원이나 직업 전문학교에서 공부한 뒤 자격증을 따서 진입하는 경우도 있으며 웨딩이나 방송관련 현장에서 직접 스텝으로 참여하여 차근차근 배워가는 방법도 있어요. 또는 개인 미디어를 통해 자신만의 개성 있는 메이크업 연출법을 인정받아 진출하는 경우도 있습니다.

관련자격증으로는 한국산업 인력공단에서 시행하고 있는 미용사(메이크업/일반)가 있어요. 메이크업 관련 자격증은 얼마 전까지만 해도 민간 자격증이었으나 2016년부터 국가공인 자격증으로 인정되면서 전문성을 인정받고 있지요.

메이크업을 위해 공부하는 분야는 바디페인팅, 색채학, 특수 분장, 뷰티일러스트, 피부관리, 메이크업 이론 등이며 평소에 미술이나 색체에 대한 관심을 가지고 공부해 두면 매우 도움이 된다고 해요. 하지만 무엇보다도 이 분야는 실력과 능력으로 인정받는 분야이니만큼 현장에서의 경험을 많이 쌓아 두는 것이 매우

다양한 메이크업 도구들.

중요해요. 또한 헤어 전문가와 패션 코디네이터들과의 협업도 중요한 만큼 대인 관계나 사람과 소통 능력도 필요해요.

　새로운 메이크업 기술을 개발하고 유행을 읽을 줄 아는 센스, 창의력과 예술적 표현력은 메이크업 아티스트가 갖추어야 할 기본적인 소양이에요. 하지만 무엇보다도 미용업계는 업무가 불규칙적이고 오랜 시간 동안 실력을 쌓아야 하는 일이기 때문에 성실하고 끈기 있는 인내력이 가장 중요하게 요구되는 자세이지요. 이러한 성실과 인내력을 바탕으로 실력 있는 메이크업 아티스트가 탄생될 수 있는 것이지요. 물론 메이크업에 대한 열정과 관심은 기본이겠지요?

✒ '메이크업 아티스트'의 전망은 어떤가요?

　대부분의 여성은 새로운 나, 아름다운 나에 대한 기본 욕구를 가지고 있습니다. 그래서 많은 미용 도구와 다양한 화장품들이 발전해 왔고 현대사회에 올수록 메이크업은 특별한 행사가 있을 때만 받는 것이 아니라 언제든 원할 때 받을

쇼를 위해 준비 중인 모델들.

수 있는 서비스라는 인식이 자리잡아가고 있습니다. 무엇보다도 한류의 영향으로 한국의 화장품들이 중국을 비롯한 동남아 시장에서 선풍적인 인기를 끌면서 한국의 메이크업도 함께 관심을 받고 있다고 해요.

이처럼 한류문화의 진출과 한국 화장품의 성공이 맞물려 뷰티업계는 새로운 한류를 만들어 내게 되었는데요. 특히 중국의 결혼식 문화가 서구화되면서 웨딩 업체를 중심으로 중국으로 진출하는 메이크업 전문 업체가 늘어나고 있으며 이는 베트남을 비롯한 동남아로 이어져 한국 메이크업 업체들의 인기가 매우 높아지고 있다고 해요. 한류가 가수와 배우를 넘어 웨딩문화까지 확산되고 있는 것이지요. 또한 한국에서 메이크업과 웨딩사진을 찍기 위해 방문하는 중국인 커플의 수도 매년 증가하고 있다고 해요.

이러한 다양한 이유로 인해 한국의 뷰티시장은 급속히 성장 중에 있으며 그 중심에서 메이크업 아티스트들의 역할과 전망 또한 매우 기대되고 있어요.

이모티콘 디자이너

(?) 이모티콘 디자이너는 무엇일까요?

이모티콘 디자이너는 이모티콘을 제작하는 전문가를 말해요.

💡 이모티콘이란 무엇인가요?

이모티콘은 영어로 감정을 뜻하는 'emotion'의 emoti와 '유사 기호'를 뜻하는 'icon'의 con이 합쳐진 말로 정확한 뜻은 '감정 기호'에요. 초창기의 이모티콘은 한글이나 워드 안에 있는 문자표와 특수기호들을 조합해 마치 그림처럼 표현한 문자기호였어요. 지금도 여전히 쓰이고 있는 대표적인 이모티콘으로는 ^^(웃음), ㅠㅠ_ㅠㅠ(슬픔), (ㅡㅡ;;)(난처함),\(^▽^)/(신남) 등이 있지요.

이러한 문자표와 특수기호로 이루어진 감정 기호들은 모바일 메신저가 발달하고 그래픽 기술과 스마트폰 기술이 발전하면서 다양한 캐릭터와 그림으로 이

루어진 그래픽 형태의 이모티콘으로 변화하게 되었어요. 원래 이모티콘의 용어와는 좀 차이가 있지만 이제 이모티콘이라고 불리는 것들은 문자 기호뿐만이 아닌 그래픽 캐릭터와 움직이면서 소리까지 첨가된 플래시 애니메이션 형태까지도 이모티콘이라 불리고 있어요.

나의 기분을 대신해 줄 수 있는 이모티콘.

💬 이모티콘 디자이너가 하는 일은 무엇일까요?

이모티콘 디자이너는 새로운 이모티콘의 개발과 제작하는 일이 주 업무예요. 이모티콘의 인기는 나날이 성장하고 있으며 카카오톡에 업로드되어 있는 이모티콘의 종류만 해도 5500여 개 이상이 된다고 하니 그 인기를 실감할 수 있지요.

이모티콘은 상품으로 출시될 때까지 대략 2~3개월 정도 걸린다고 해요. 이모티콘 제작 과정은 웹툰이나 캐릭터를 만드는 과정과 비슷하지만 웹툰과는 달리 심사과정을 통과해야만 업로드를 할 수 있다는 점이 달라요.

이모티콘 디자이너는 가장 먼저 무엇을 주제로 어떤 캐릭터를 만들 것인지 구상하고 아이디어 스케치를 해요. 스케치한 그림의 선을 포토샵이나 일러스트 등 컴퓨터 그래픽 프로그램으로 옮겨 그린 후 21개의 고정 그림과 3개의 움직이는 그림을 카카오톡에 제안하여 심사를 받아요. 심사가 통과되면 컬러링 작업과 애니메이션 작업을 마친 뒤 카카오 스토어에 업로드해 상품으로 출시하지요.

✒ 이모티콘 디자이너를 하려면 무엇을 준비해야 할까요?

이모티콘은 캐릭터나 그림을 잘 그리는 능력도 중요하지만 그보다도 사물의 특징과 사람의 감정을 잘 잡아내는 능력이 필요해요. 산업디자인, 시각디자인, 디지털 애니메이션학, 만화 에니메이션학 등의 관련학과를 전공하면 유리하겠지만 디자인과 만화를 전공하지 않아도 그림에 소질이 있고 이모티콘과 캐릭터 제작에 관심이 있다면 누구든지 학원이나 독학으로 그래픽 프로그램을 배운 후 진입할 수 있어요.

그러나 진입장벽이 낮다고 쉽게 생각해서는 안 돼요. 실제로 이모티콘 시장은 매우 경쟁이 심하고 웹툰 작가나 캐릭터 디자이너들과 같이 전문적인 기술을 가진 사람들의 진입으로 질적인 수준이 상당히 올라가 있으며, 아이디어 넘치고 기발한 이모티콘들이 항상 제안되고 있거든요.

이모티콘만으로 엄청난 수익을 올리는 디자이너들이 생기면서 이모티콘 시장은 점점 뜨거워지고 있어요. 실제로 국민 이모티콘이라 불리는 '카카오 프렌즈'를 개발한 호조 작가(본명 권순호) 또한 게임 회사의 디자이너이면서 '호조툰'을 그린 유명한 웹툰 작가였어요. '카카오 프렌즈'의 성공으로 이후 게임업체와 일반기업 출신의 전문 캐릭터 디자이너들이나 웹툰 작가들이 이모티콘 시장에 뛰어들어 엄청난 성공을 거두게 된 예는 많습니다.

지금까지 성공한 이모티콘들을 살펴보면 이모티콘은 단순히 그림만 잘 그린다고 만들어지는 것이 아니에요. 감정을 전달하는 그림이기 때문에 평소에도 사

요즘은 다양한 형태의 이모티콘이 인기를 끌고 있습니다.

람에 대한 이해와 그것을 재미있고 공감할 수 있도록 표현할 수 있는 능력이 필요합니다.

그리고 사람과 사물의 특징을 잘 잡아내어 나만의 방식으로 표현하는 꾸준한 연습도 필요해요. 이모티콘이나 캐릭터는 수십 번 수백 번 그리고 고치고를 반복하면서 인내와 끈기를 가지고 그려나가야 하는 과정이 필요할 수도 있어요.

이모티콘 디자이너는 누구나 할 수 있어요. 하지만 아무나 할 수는 없는 일이에요. 그림으로 표현한 다양한 감정과 느낌들을 다른 사람들도 공감할 수 있어야 하기 때문이에요. 이모티콘을 그리고 제작하는 일 또한 자신의 것을 나타내는 창작의 분야이지요.

여러분이 이모티콘 디자이너를 꿈꾸고 있다면 열심히 꿈을 키워 나가 보세요. 세상에 '나'는 하나이듯 나를 대표하는 '이모티콘' 또한 하나일 테니까요.

☆ 이모티콘 디자이너의 전망은 어떤가요?

2017년 카카오톡에서 사용되는 이모티콘의 수는 처음 출시된 이후 5배 이상 성장하면서 이모티콘이 차지하는 매출 또한 엄청나게 증가했다고 해요. 이러한 이모티콘의 급성장을 보더라도 이제 많은 사람들은 이모티콘을 단순히 대화를 주고받은 작은 도구가 아닌 자신의 감정을 표현하고 대표하는 수단으로써 사용하고 있다는 것을 알 수 있어요.

또한 이모티콘 캐릭터들은 치솟는 인기에 힘입어 다양한 제품으로 출시되고 있으며 전용매장을 넘어서 테마파크로까지 이어지는 문화상품이 되어 가고 있어요.

실제로 '카카오 프렌즈'는 생활용품 업체, 식음료 업체, 팬시 문구 업체, 제약 업체, 교육 업체 등과의 콜라보를 통해 빵, 음료수, 건강 젤리, 치약, 방향제, 화장품, 참고서 등 수많은 제품들의 캐릭터로 사용되고 있으며 기존 제품보다 고가임에도 불구하고 높은 매출을 올리고 있다고 해요. 또한 콜라보 제품들이 중국과 동남아 등 해외에 진출하면서 한국 제품들에 대한 친근한 이미지를 형성하는 데 도움을 주며 한류를 이끌어가고 있어요.

'카카오 프렌즈'는 미켈란젤로의 '천지창조', 레오나르도 다빈치의 '최후의 만찬'과 같은 미술작품과도 콜라보하여 전시회를 열고 전용 박물관을 여는 등 문화콘텐츠로서의 역할 또한 커지고 있다고 해요. 최근에는 방탄소년단이 라인과

의 협업을 통해 BT21을 런칭했는데 방탄소년단의 명성에 귀여운 캐릭터들의 활약으로 전 세계에서 인기를 끌고 있다고 합니다.

이처럼 이모티콘이 사람들에게 친숙하게 느껴지고 인기를 끌고 있는 이유는 이모티콘이라는 단어에서도 알 수 있듯이 사람의 희로애락^{喜怒哀樂}의 감정을 대신해 주고

여러분의 사진으로도 이모티콘을 만들 수 있습니다. 그러니 직접 만들어 보세요.

있기 때문이에요. 또한 이모티콘은 만국 공용어라는 점에서도 큰 장점으로 작용하고 있지요. 소통하기 힘든 언어로 제품을 설명하는 것보다 귀엽고 다양한 감정의 이모티콘을 통해 소비자에게 제품의 이미지를 긍정적으로 전달할 수 있는 장점이 있지요.

앞으로도 이모티콘의 콜라보는 더 다양한 분야에 걸쳐 이루어질 것으로 기대되고 있으며 우리나라뿐만이 아니라 세계적으로도 활용도와 인기가 계속 성장할 것으로 예상되고 있습니다. 더 다양한 SNS의 활용과 4차 산업의 발달로 이모티콘의 쓰임새와 소비자의 요구는 점점 높아질 것으로 전망돼요.

배우

❓ 배우란 무엇일까요?

배우는 연극, 영화, 목소리 연기(성우), 드라마 등에 출연하여 연기하는 전문가를 말해요.

💡 배우가 하는 일은 무엇일까요?

배우는 드라마나 영화, 목소리 연기(성우), 연극 등에서 누군가의 인생을 보여줘요. 따라서 자신의 성격과 감성이 다른 또 다른 사람을 연기해

뮤지컬 미녀와 야수.

야 하기 때문에 공감 능력과 감정이입 능력이 매우 좋아야 해요.

💬 배우가 되려면 무엇을 준비해야 할까요?

배우는 매우 다양한 능력을 요구하는 직업 중에 하나에요.

배우는 다양한 인물의 성격과 삶을 보여줘야 하기 때문에 연기를 위해서는 공감 능력과 감정이입 능력이 뛰어나야 해요. 또한 맡은 배역을 세심하게 분석하여 시청자들이 그 삶에 공감할 수 있도록 해야 해요.

'배우는 두 부류가 있다. 하나는 가슴으로 연기하는 배우, 또 하나는 머리로 연기를 하는 배우' 라는 말이 있어요. 이 말은 배우로서 가져야 할 공감 능력과 분석력을 말하는 것일 거예요.

배우로 진입하는 과정은 매우 다양해요. 요즘은 기획사를 통해 연기자로 데뷔하는 경우가 많으며 가수나 스포츠 선수로 활동하다가 배우로 전향하는 경우도 종종 볼 수 있어요.

배우가 되기 위해 반드시 관련 전공을 해야 할 필요는 없어요. 하지만 연극영화학과를 나오면 체계적으로 연기를 배울 수 있기 때문에 매우 도움이 되지요.

또한 극단에 들어가서 연기를 시작하는 사람도 있어요. 그러나 우리나라 사람들의 배우에 대한 인식은 연기를 직업으로 삼는 '전문 배우'라는 생각보다 '연예인'이라는 생각이 더 앞서 있어 배우가 되는 것은 연예인이 되는 것으로 생각을 하는 경우가 대부분이지요. 그러다 보니 연극만을 해서는 수입이 보장되기가 힘든 게 현실이에요.

오랜 연극무대에서 연기력을 쌓고 어려운 시절을 겪어 낸 후 드라마나 영화로

배우들이 맡는 역할은 아주 다양해요.

유명해진 배우들을 많이 보았을 거예요. 유명해지기까지 힘들고 어려웠던 무명 시절의 이야기를 듣고 있다 보면 배우로서 이름을 얻기까지 오랜 시간을 끈기 있게 견뎌 낸 배우들에게 박수를 보내고 싶어져요.

　배우가 꿈이라면 드라마에 나오는 화려하고 멋진 모습만 보지 말고 그 뒤에 숨어 있는 노력과 열정을 보았으면 해요. 연기하는 것이 너무 좋아서 배우가 되고 싶은 것인지 유명한 연예인이 되고 싶은 것인지 잘 생각해 보았으면 좋겠 어요.

✍ 배우의 전망은 어떠한가요?

　현재 우리나라의 영화계나 방송, 연극계에서 배우로 활동하고 있는 사람들의 수는 점점 늘어나고 있으며 경쟁 또한 매우 치열해요. 그럼에도 불구하고 많은

촬영기기의 발달은 더 많은 창작의 기회를 주고 있습니다.

미래 학자들은 4차 산업 시대에도 살아남아 있을 직업군으로 창작을 하는 예술 관련 직업을 꼽았어요. 창작의 세계는 인간만이 할 수 있는 유일한 영역이기 때문이지요. 배우라는 직업 또한 창작자라고 말할 수 있어요. 연기를 통해 새로운 인물을 창조해 내는 것은 굉장히 매력적인 일이니까요.

배우들이 가장 많이 진출하고 있는 영화나 드라마는 한류라는 이름으로 중국, 동남아, 중동을 넘어 전 세계로 뻗어 나가고 있어요.

예전과 다르게 TV 매체들의 환경도 많이 변하여 공중파 이외에 케이블 채널이 늘어나기 시작하면서 드라마의 장르도 세분화되기 시작했어요.

또한 주 5일제가 정착되고 여가선용을 위한 사람들의 욕구가 다양해지면서 영화, 연극, 뮤지컬 등의 콘텐츠를 찾는 사람들이 늘고 있어요. 이러한 여러 가지 환경의 변화는 예전보다 배우가 활동할 수 있는 무대를 넓혀 주고 있으며 앞으로도 이 분야의 수요는 계속될 것으로 전망돼요.

장르 소설가

장르 소설가란 무엇일까요?

대중문학의 분야인 추리, 판타지, 무협, 공포, 과학, 로맨스 등의 대중소설을 쓰는 사람을 말해요.

장르 소설이 무엇인가요?

인간의 감정과 사상을 아름다운 언어로 표현하며 예술성을 추구하는 것이 순수 문학이라면 장르 소설은 환상적이고 초현실적인 SF부터 추리, 공포, 과학, 로맨스 등 다양한 주제의 이야깃거리로 대중의 호기심과 즐거움을 추구하는 장르예요. 1980~90년대에 남성 팬들이 주류를 이루는 '무협 소설'과 십대 여성의 전폭적인 지지를 받던 '하이틴 로맨스', '할리퀸 로맨스' 등이 우리나라 장르 소설의 시초이며 흥미 위주의 상업성이 강한 소설이다 보니 순수

판타지 소설 속 상상의 세계는 마술과도 같습니다.

문학에 비해 상당히 낮게 평가되었어요.

여러분이 알고 있는 장르 소설은 무엇이 있나요? '해리포터'와 '반지의 제왕'을 읽거나 들어본 적이 있을 거예요. 우리나라에서 인기를 끌었던 장르 소설들 중에는 미국이나 유럽, 일본의 작품이 많아요. 이 나라들의 장르 소설 역사가 우리보다 훨씬 길며 독자층도 두텁기 때문이지요. 그래서 유럽의 전설이나 가상의 세계관에 등장하는 마법사와 기사, 호빗, 요정 등의 소재가 우리나라 장르 소설에도 많은 영향을 끼치게 되었지요. 그중 이영도의 '드래곤 라자'와 이우혁의 '퇴마록' 등은 지금도 한국 장르 소설의 전설로 남았지요.

이후 장르 소설은 수많은 우여곡절을 겪으면서 황금기와 암흑기를 이어 오다가 최근 인터넷의 발달과 스마트폰의 보급으로 인해 '인터넷 웹 소설'이라는 이름으로 변화 발전하여 새로운 황금기를 맞이하고 있어요.

✒ 장르 소설가가 되려면 무엇을 준비해야 할까요?

현재 장르 소설가들의 대부분은 인터넷 플랫폼을 통해 데뷔하고 작가로서 활동하고 있어요. 대표적인 인터넷 플랫폼으로는 네이버 웹 소설, 카카오 스토리,

문피아, 조아라 등이 있으며 여러분도 언제든지 마음만 있으면 웹 사이트에 소설을 올릴 수 있어요.

또한 각 플랫폼들에서 주최하는 공모전에 출품하여 데뷔할 수도 있기 때문에 웹 소설가는 다른 직업에 비해서 비교적 진입 장벽이 낮은 편에 속해요.

하지만 웹 소설은 진입 장벽이 낮은 만큼 경쟁이 치열해요. 취미로 글을 쓰는 것이 아니라면 웹 소설가로 성공하기 위해서는 엄청난 노력을 하지 않으면 살아남기 힘든 환경입니다. 장르 소설가들은 무엇보다도 기발하고 아이디어 넘치는 이야기를 만들어야 하며 구독자들이 좋아할 이야기가 무엇인지를 잘 파악하는 센스도 있어야 해요. 또한 주로 연재하며 작품성과 상업성을 직접 독자에게 평가받기 때문에 끝까지 스토리를 끝낼 수 있는 끈기력과 흔들리지 않고 이야기를 이어갈 수 있는 기획력이 있어야 해요. 따라서 주제가 정해진다면 그 주제에 필요한 많은 자료를 모으면서 전체 구성작업을 해야 합니다. 상상력만 있다면 소설을 쓸 수 있다고 생각할지 모르지만 사건과 사건, 인물의 일관성을 유지하기 위해서는 논리적 사고력도 중요하답니다. 또 과학, 역사, 철학 등 다양한 분야에 대한 지식도 갖출 수 있어야 합니다.

뿐만 아니라 장르 소설가는 아이디어도 좋아야 하지만 상업적이고 대중적인 소설인 만큼 재미가 있어야 해요. 재미와 흥미를 유발하고 사람들을 한순간에 몰입시킬 수 있는 필력을 갖추기 위해서는 매일매일 글을 쓰는 훈련이 돼 있어야 해요. 글 쓰는 것이 습관이 되지 않으면 가장 기본이 되는 작가로서 시작이 힘드니 아예 처음부터 시작도 하지 말라는 어느 편집장의 뼈에 새긴 충고가 있을 만큼 글 쓰는 것이 몸에 배지 않으면 갑자기 어느 날 글을 쓴다는 것은 거의 불가능하다고 봐야 해요. 그래서 장르 소설가를 지망한다면 일기를 써보세요.

인터넷 세상과 만나면서 장르 소설가로의 데뷔와 영역도 좀 더 넓어지고 다양해졌습니다.

물론 책도 많이 읽어야 하겠지만 자신의 생각이나 느낌을 글을 통해 표현해 볼 수 있는 것으로 일기만큼 좋은 것은 없습니다.

장르 소설가가 되기 위해서 반드시 국어국문학과나 문예창작과를 갈 필요는 없어요. 하지만 문학, 철학, 심리학, 과학 등 다양한 분야에 대한 지식을 쌓고 글을 쓰는 방법을 익히고 다양한 문학작품을 좀 더 체계적으로 접할 수 있다는 장점이 있지요.

톨킨의 반지의 제왕과 같은 소설 속의 세계관은 유럽의 역사와 신화에 대한 공부가 없으면 나오기 힘든 어마어마한 작품으로 평가받고 있습니다. 판타지지만 그 문학성을 인정받는 반지의 제왕처럼 우리나라 역시 인터넷 플랫폼과 만나 더 확대된 영역으로 발전하고 있는 장르소설이 어떤 가치를 인정받게 될지는 아무도 모릅니다. 그리고 그 주인공이 여러분이 될 수도 있습니다. 여러분의 작품이 세계로 뻗어가는 콘텐츠가 될 수도 있으니 관심이 있다면 끈기와 희망을 가지고 도전해 보세요.

☆ 장르 소설가의 전망은 어떠한가요?

지금 우리나라의 장르 소설은 '인터넷 웹 소설'이라고 부르는 게 더 맞는 말일 거예요. 왜냐하면 '웹 소설 플랫폼'은 장르 소설의 가장 중요한 데뷔무대가 되고 있기 때문이지요.

그래서 장르 소설은 이제 '웹 소설 플랫폼'을 거쳐 인기가 검증된 후 출판사와 계약을 맺고 책으로 출판되는 사례가 아주 많다고 해요.

사람들은 다양한 이야깃거리와 톡톡 튀는 설정으로 많은 사람들의 꿈과 로망을 대리만족시켜주는 장르 소설에 매료됩니다. '해를 품은 달', '성균관 스캔들', '구르미 그린 달빛', '커피 프린스 1호점' 등 인기리에 방송되었던 많은 드라마의 원작이 웹 소설이었다는 것을 떠올려 보세요. '김비서가 왜 그럴까'도 웹 소설이 웹 만화로 진화한 후 다시 드라마가 된 경우입니다.

이제 웹 플랫폼을 통해 발표되고 있는 장르 소설은 단순히 웹 플랫폼에서만 읽히는 소설이 아니고 웹툰, 드라마, 영화 등의 다양한 콘텐츠의 원작으로 사용되면서 그 영향력이 점점 확대되고 있다는 것을 알 수 있어요. 그리고 이러한 영향력은 한류라는 이름으로 전 세계에 퍼져 나가는 방송 콘텐츠의 밑바탕을 만들어 주는 역할을 합니다.

소설은 이제 영화나 게임, 애니메이션까지 더 많은 기회를 만나게 되었습니다.

    현재 장르 소설은 다양한 유통환경 변화와 중심 콘텐츠로서의 인지도 상승으로 인해 무대가 넓어지고 있으며 수익 또한 상당히 높아지고 있다고 해요. 앞으로도 웹 플랫폼을 중심으로 한 장르 소설의 발전은 계속될 것으로 예상됩니다. 장르 소설은 4차 산업혁명으로 새로운 환경과 만나며 진화해 갈 것입니다. 때문에 실력 있고 참신한 아이디어를 가진 다양한 장르 소설가들의 등장이 매우 기대되고 있는 분야예요.

싱어 송 라이터(가수)

? 싱어 송 라이터란 무엇일까요?

싱어 송 라이터 ^{Singer-songwriter} 는 노래를 만드는 데 필요한 작사, 작곡, 편곡의 모든 부분을 직접 작업하는 가수를 말해요. 작사와 작곡에 노래까지 부르려면 정말 능력이 뛰어나야겠지요? 그런데 최근에는 예전에 비해서 작곡이 상대적으로 쉬워진 편이라고 해요. 자동적으로 화음을 맞추어 주는 다양한 작곡 프로그램들과 디지털 기기의 발달 때문이지요. 그렇다고 해서 아무나 작곡할 수 있는 것은 아니에요. 오랫동안 다양한 악기를 익히고 특성을 이해해야 하며 작

싱어 송 라이터를 꿈꾸나요?

공연은 팬과 직접 만나 소통하는 기회입니다.

곡에 필요한 화성학도 배워야 하지요.

💬 싱어 송 라이터가 하는 일은 무엇일까요?

발라드, 댄스, 힙합, 록, R&B, 트로트 등의 다양한 분야가 있지만 현재 대중음악을 이끌고 있는 주류는 유명기획사 위주의 기획형 아이돌이며 이들의 노래는 전문 작사, 작곡, 편곡자들에 의해 협업의 형식으로 이루어지고 있다고 해요. 이들은 가수뿐만이 아닌 영화배우, 탤런트, 뮤지컬 배우 등 다양한 분야로 진출하고 있어 엔터테이너^{entertainer}로서의 역할이 더 중요시 되고 있는 추세지요. 이러한 상황들은 전문적으로 음악을 공부하고 곡을 만들 수 있는 싱어 송 라이터를 만들어 내기에는 어려워 보이는 시스템인 것 같아요. 그러다 보니 실력을 쌓아 싱어 송 라이터의 능력을 보여 주는 가수들은 역주행을 성공시키면 더 많은 관심을 받게 돼요.

싱어 송 라이터의 가장 주 된 일중에 하나는 곡을 만드는 것입니다. 가사를 쓰고 주 멜로디를 만드는 작곡 과정을 거쳐 반주를 넣는 편곡과 녹음과정까지 노래를 만드는 전 과정을 이끌어 가는 것이에요. 이 과정은 매우 전문적이고 음악적 능력이 필요하며 무엇보다도 무에서 유를 창조하는 창작의 과정이기 때문에 굉장한 인내심과 노력이 요구되는 단계지요. 기획사에 소속되어 있는 가수가 아니라면 싱어 송 라이터는 자신의 곡을 음반으로 제작하는 일도 직접 해야 하며 기획사에 찾아가 오디션을 보거나 데모테이프를 만들어 홍보하는 일도 한다고 해요. 때에 따라서는 인디밴드에 들어가서 음악적 역량을 높이기도 하고 거리공연을 통해 자신의 음악을 알리는 일도 합니다. 봄만 되면 전국에 울려 퍼지는 국민 노래인 '벚꽃엔딩'의 작곡가인 싱어 송 라이터 장범준이 바로 거리공연을 통해 팬들과 소통하고 있는 가수로 유명하지요.

요즘은 유튜브나 다양한 개인 미디어를 통해 홍보하는 방법도 등장하고 있으며 기획사들 또한 방송매체와 자체 오디션 프로그램을 통해서 실력 있는 싱어 송 라이터들을 발굴하고 있습니다.

기획사에 소속되어 싱어 송 라이터로서 인정받게 되면 대중가수로서의 인기뿐만이 아니라 소속 기획사를 포함한 다른 가수들의 음반을 기획하고 작곡, 작사를 하는 일에도 참여한다고 해요.

✒ 싱어 송 라이터가 되기 위해 준비해야 하는 것은 무엇일까요?

싱어 송 라이터가 되기 위해 필요한 자격증은 없지만 반드시 익혀야 할 기술들은 있어요. 먼저 악기를 다룰 줄 알아야 해요. 피아노와 기타와 같은 음률에 기본이 되는 악기를 자유롭게 연주할 수 있을 정도의 실력을 쌓아 두면 매우 유리하지요. 싱어 송 라이터가 꿈이라면 아마 음악을 전공하고 있거나 실용음악 학원을 알아보고 있을지도 모르겠네요.

싱어 송 라이터가 되기 위해서 반드시 음대에 갈 필요는 없지만 음악이라고 하는 분야가 워낙 전문적인 분야이다 보니 어떠한 형태로든 작곡과 편곡, 보컬 트레이닝에 관한 교육을 받아야만 해요. 가끔 독학으로 작곡 공부를 했다는 사람들이 있지만 진정한 전문가가 되기 위해서는 작곡과 편곡은 전문 교육을 받는 것이 좋아요. 전문 예술고등학교에 진학하거나 음악대학과 작곡과, 실용음악과 등에서 전공할 수도 있어요.

음대를 가기 위해서는 어릴 때부터 전공 악기를 체계적으로 배워야 하며 음악의 기초부터 이론과 실기를 철저하게 배우고 차근차근 쌓아 공부해야 돼지요.

싱어 송 라이터가 아니더라도 가수를 꿈꾸는 지망생이 있다면 기획사의 오디션에 참가해 보는 것도 꿈을 이룰 수 있는 한 가지 방법이 되겠지요. 여러분도 아시다시피 기획사에 들어가 오랫동안 춤과 노래 연습을 하며 연습생 시절을 거쳐 무대에 서는 많은 가수들이 많아요. 우리나라에서 가장 일반적인 가수 데뷔 과정인데 기획사의 연습생이 된다는 것은 장단점이 있어요.

오랜 기간 연습생 과정을 거치기 위해서는 인내심과 성실함이 필요하고 또한 몇 년간은 기획사의 스케줄에 맞추어 움직여야 하기 때문에 내가 하고 싶은 음악에 대한 열정은 잠시 뒤로 미루어야 할 수도 있어요.

싱어 송 라이터가 되는 방법은 매우 다양하지요. 하지만 늘 자신에게 물어보아야 할 것은 '나는 정말 음악에 열정과 재능이 있는가'예요.

✪ 싱어 송 라이터의 전망은 어떤가요?

MP3가 등장하고 인터넷 환경이 좋아지면서 전 세계적으로 음반 시장은 큰 변화를 맞게 되지요. 음반과 CD로 소비되던 노래는 사라지고 음원을 다운로드 받는 디지털 음원 시대로 바뀌어 가면서 벨소리, 통화 연결음, MP3 다운로드, 스트리밍 등의 새로운 분야가 급성장하게 되었어요. 가수로 진입하는 방법 또한 방송이나 온라인 플랫폼, 소셜미디어 등 온라인 매체가 다양해지면서 역으로 온라인에서 인기를 끌어 공중파 방송으로 진출하게 되는 경우도 나타나고 있어요. 또한 한류로 대표되는 k-pop의 영향으로 한국 음악시장은 전 세계로 뻗어 나가고 있어요. 방탄소년단, 엑소, 블랙핑크 등 인지도 높은 한국 그룹들의 음원은 인터넷을 타고 유럽, 동남아, 아프리카까지 전해지며 전 세계에 한국을 알리고 우리의 음반 시장 또한 넓어지게 되는 계기를 마련하게 되었어요.

하지만 이러한 시장은 대형 기획사의 아이돌그룹 위주로만 이루어져서 한국 대중 음악의 다양성을 잃고 경쟁력을 약화시킬 수 있다는 우려의 시각도 있다고

다양한 음향 장비들.

해요. 그래서 대형 기획사들은 기존의 획일적인 콘셉트의 아이돌과는 차별되는 다양한 시도를 하며 개성 있는 인디밴드 발굴에도 관심을 가지고 있다고 해요.

'2016 제1차 K-뮤직포럼'에서는 한국의 대형 기획사들이 국내 실력 있는 인디밴드들을 발굴하여 소개하는 인디레이블을 만드는 일로 토론회를 가졌다고 해요. 대형 기획사의 기획에 의해 만들어지는 아이돌과는 달리 제도권에서 벗어나 자유롭고 개성 있는 음악을 추구하는 싱어 송 라이터들이 많은 인디밴드와 체계적인 유통망을 가진 대형 기획사와의 만남이 추진되고 있는 것이지요. 실력을 갖춘 싱어 송 라이터들에게는 세계로 뻗어나갈 수 있는 긍정적인 기회가 될 거라고 예상해요.

싱어 송 라이터는 창작자에요. 음악에 대한 열정과 창작자로서의 자긍심을 가지고 실력을 쌓는다면 다가오는 4차 산업시대에 인공지능과 로봇으로도 대체될 수 없는 유일한 분야 중 하나가 될 것이라고 전망해요.

악기를 연주하고 이해하는 것은 싱어 송 라이터에게 매우 중요한 일 중 하나입니다.

직업 운동선수

❓ 직업 운동선수란 무엇일까요?

혹시 2018년 동계 올림픽을 본 적이 있나요? 컬링과 스피드 스케이트를 떠올려 보세요. 스포츠는 개인과 단체, 나가서는 나라를 하나로 결집시킬 만큼 강한 단결력과 즐거움을 주는 힘을 가지고 있어요. 역대 올림픽을 비롯한 아시안 게임, 동계올림픽 등 수많은 스포츠 경기는 사람들의 관심 종목에 이목을 끌며 김연아, 박태환, 윤성빈 같은 스포츠 스타도 배

피겨 스케이팅.

출하는 역할도 했어요.
'평창 동계올림픽'에서
는 '팀킴'이라는 별명의
국가대표 여자 컬링팀과
봅슬레이팀이 은메달 소
식을 전하면서 이름조차
생소했던 컬링과 봅슬레
이라는 동계 스포츠 종
목을 전 국민에게 알리

알파인 스키.

는 계기가 되었습니다.

　이렇게 다양한 분야의 스포츠 종목을 어린 시절부터 꾸준히 연습하고 훈련하
여 전문적인 직업으로 삼는 선수를 '직업 운동선수'라고 해요. 그냥 운동을 즐기
거나 건강 향상을 목적으로 운동을 취미로 하는 사람과는 다릅니다.

✒️ 직업 운동선수가 하는 일과 준비해야 할 것은 무엇일까요?

　'직업 운동선수'들은 자신의 해당 종목에 따라 시작하는 연령이 달라요. 이른
나이에 재능을 발견하여 유치원이나 초등학교 시절부터 실력을 갈고 닦는 사람
도 있는가 하면 청소년 시절에 우연한 계기로 시작하여 늦게 재능을 발견한 선
수도 있지요. 하지만 공통적인 것은 어떤 스포츠이든 어린 시절에 시작할수록
매우 유리하다는 것이에요. 그렇기 때문에 운동선수가 되고 싶다면 나에게 맞는
종목과 자신의 재능이 어느 정도인지를 파악하고 발전 가능성에 대해 주변의 어

른들과 상의 해 보는 것이 매우 필요한 일이에요.

지금부터 직업운동 선수들이 어떤 일을 하는지 살펴볼까요?

운동의 기본은 체력 훈련

운동선수들이 하는 일 중에 가장 중요한 일은 꾸준한 체력훈련과 기술훈련이에요.

모든 선수들의 훈련은 각 종목의 선수트레이너와 코치 등이 짜놓은 체계적인 훈련 스케줄에 의해 연습을 하며 자신의 취약점을 강화하는 연습과 경기력 향상을 위한 기술 습득을 하지요.

운동선수의 생명인 부상을 대비하라!

훈련을 할 때는 부상을 입지 않도록 조심해야 하며 부상에 대한 훈련 또한 선수들에게는 매우 중요한 일이에요. 직업 운동선수들은 항상 부상에 대한 위험을 안고 있어야 하며 부상을 대비하고 잘 관리하는 것 또한 선수로서 신경 써야 할 매우 중요한 일이지요. 아무리 능력이 좋아도 부상이 계속되면 경기에 임할 때 지속적으로 성적을 낼 수 없거나 중도 포기를 해야 하는 안타까운 상황이 벌어지기도 하거든요. 최근에 세계를 놀라게 했던 테니스의 정현 선수도 심한 발바닥 부상으로 인해 4강에서 아쉬운 기권패를 할 수밖에 없었습니다. 이처럼 부상은 직업 운동선수들에게 얼마나 중요한 관리 대상인지를 알 수 있을 거예요.

능력을 펼칠 무대를 향하여!

직업 운동선수들은 소속된 팀의 일정에 따라 경기에 참여하여 성적을 내는 일을 해요. 경기에서 좋은 성적을 거두는 일은 선수로서의 경력을 쌓는 것이며 차후 연봉협상에도 매우 중요한 요소로 작용할 수 있지요.

경기는 종목에 따라 단체전과 개인전으로 나누어지며 경기에서 승리하기 위해 감독과 코치의 전략을 지시받고 이에 맞게 경기를 이끌어가며 상대방 팀의 기술정도를 파악하여 이에 적절한 대응을 위해 노력하는 일도 하지요. 점수경기와 마찬가지로 육상, 사이클, 스피드 스케이팅과 같은 기록경기 등은 선수 자신의 기록 향상을 위한 자기관리가 매우 중요한 일 중 하나이므로 상대방의 전략을 분석하는 일은 매우 중요합니다. 이에 더해 나를 뒤돌아보고 상대방의 장점이 무엇인지를 배우는 과정도 함께 해야 합니다.

운동선수로서 최고의 영광! 국가대표

국가대표가 되는 것은 대부분의 운동선수에게는 최고의 꿈입니다. 보통 체계적으로 훈련을 꾸준히 받아 온 직업 운동선수들은 초, 중, 고를 지나 대학에 진학하고 수년간 쌓아 올린 개인 기록과 경기성적에 따라 프로팀이나 실업팀으로 들어가는 경우가 많지요.

실업팀은 민간 기업이나 관공서에 소속되어 선

축구.

수 생활을 하게 되는 데요. 성적이 좋은 선수는 프로팀으로 스카우트되어 가기도 하지요. 보통 실업팀은 감독이나 코치, 학교장의 추천이나 개인적으로 지원하여 선발되며 연습생 기간을 거쳐 선정되기도 한다고 해요. 스포츠는 철저한 경쟁 시스템이기 때문에 선수 개인 간의 경기성적과 기록이 선수 한명 한명의 능력이 되는 것이지요.

직업 운동선수는 올림픽과 아시안 게임, 동계올림픽 그리고 각종 세계 대회를 위해 국가 대표 선발전에 나갈 수 있어요. 물론 각 종목별 협회나 연맹에 가입이 되어 있어야 하며 우리나라에는 탁구, 축구, 수영, 복싱, 빙상, 체조 등 각 종목별 68개의 스포츠 협회와 연맹이 있어요.

국가대표가 되기 위해서는 각 협회와 연맹에서 추천을 받아 '국가대표 강화훈련'에 참가하고 대한 체육회의 승인을 받아 자격을 얻거나 각 종목별 선발절차를 거쳐 확정된 후 국가대표 자격을 갖는다고 해요.

직업 운동선수는 꾸준한 자기 관리와 부단한 노력을 통해서만 자신의 능력을 인정받을 수 있는 일이에요. 그만큼 자기 자신에 대한 인내와 관리가 필요한 일이지요.

직업 운동선수를 꿈으로 가지고 있거나 앞으로 직업 운동선수가 되기 위해 준비하고 있다면 아무리 힘들고 어려워도 그 종목에 대한 열정과 사랑을 잃지 말고 열심히 노력하고 꾸준히 연습하면 훌륭한 선수로서 꿈을 이룰 수 있을 거예요.

☆ 직업 운동선수의 전망은 어떤가요?

보통 운동선수들은 초등학교시절부터 각 종목에 해당하는 운동부에서부터 시작하여 관련 종목으로 유명한 중, 고등학교를 거쳐 대학에 진학하게 됩니다. 관련학과로는 체육학, 사회체육학과, 생활체육과, 레저스포츠학과 등이 있으며 한 종목을 전문적으로 전공하는 태권도학과나 골프학과도 있어요.

우리나라의 대표적인 체육관련 대학으로는 한국체육대학이 있어요. 대학을 졸업 후 실업팀으로 가거나 프로팀으로 들어가 직업 운동선수를 하게 되지요. 또는 생활체육 강사나 학교의 체육교사, 스포츠클럽의 트레이너, 개인 체육관이나 클럽 창업 등 다양한 분야로 진출할 수도 있어요.

경제가 성장하고 생활 체육의 다양화로 인해 스포츠를 즐기는 인구는 점점 늘어나고 있으며 여가 선용의 욕구가 높아지고 있는 은퇴한 노령인구의 증가 또한 생활체육의 활성화에 큰 역할을 하고 있지요. 이렇듯 사람들의 스포츠에 대한 높은 관심은 직업 운동선수들의 위상을 높이는 데도 큰 영향을 미치고 있지요.

이제 우리나라도 미국이나 유럽처럼 전문 스포츠 에이전트가 시작되고 있어요. 김연아, 추신수 등 국제적으로 이름을 알리는 스포츠 스타가 나오고 연예인과 같은 인기를 누리게 되면서 전문적으로 이들을 케어하는 기획사가 등장했습니다. 이는 이들의 진로와 소속회사와의 계약, 선수의 스케줄과 이미지 관리, 연봉협상, 언론홍보, 광고계약 등 다각적인 스포츠 스타로서의 관리가 체계적으로 이루어져야 할 필요성이 늘고 있기 때문이지요. 또한 직업 운동선수들은 우리나라뿐만이 아니라 해외의 프로팀으로 진출할 수 있는 기회 또한 높아지고 있지요.

국가적 차원에서도 스포츠는 국민의 단결과 국력을 상징하는 중요한 요소로 작용하고 있어요. 그리고 정치와 외교 면에서도 긍정적인 효과를 낼 수 있다고 생각하여 전 세계적으로 '스포츠외교'라는 말이 생기게 되었지요. 그래서 정부

차원의 스포츠 영재를 발굴, 육성하는 정책을 펼치고 있으며 많은 민간기업과 관련 단체들 또한 스포츠의 홍보성과 사업성에 긍정적인 생각을 가지고 실업팀을 늘려가고 있는 추세이며 기부금을 내고 후원을 하는 등 매우 큰 관심을 보이고 있다고 해요.

이렇듯 스포츠 산업은 전 세계적으로 큰 관심을 받고 있으며 많은 미래학자들은 4차 산업이 발달하고 로봇이 사람보다 더 운동을 잘 할 수 있어도 스포츠는 사라지지 않을 미래직업이라고 단언합니다. 이는 인간 고유 영역이라고 할 수 있기 때문이며 이러한 이유로 운동선수라는 직업은 다가오는 미래에도 계속될 전망이에요.

수많은 운동종목들 중 내가 하고 싶은 운동은 무엇인가요?

패션디자이너

❓ 패션디자이너란 무엇일까요?

패션디자이너는 옷을 비롯한 신발, 액세서리, 가방 등 각종 장신구들의 다양한 스타일을 창조하는 디자인 전문가를 말해요.

💡 패션디자인은 무엇인가요?

여러분은 샤넬이나 구찌, 루이비통, 프라다 같은 명품 브랜드를 들어 보셨나요? 이런 브랜드들은 오랜 역사와 전통

패션의 분야는 옷부터 가방, 신발까지 다양해요.

을 가지고 있는 해외 유명 패션브랜드지요. 패션에 관심이 있는 사람들이라면 '샤넬 스타일'이나 루이비통의 전통 패턴을 잘 알고 있을 거예요.

이러한 개성 있는 독특한 특정 형태의 스타일이나 일정한 패턴을 옷, 가방, 구두 등에 표현하는 것을 패션디자인이라고 하며 이러한 일을 하는 사람을 패션디자이너라고 해요.

패션디자인은 시대나 장소에 따라 달라지며 사회와 문화의 영향을 반영하고 있지요. 패션디자인하면 보통 옷을 많이 생각하게 되는데요. 패션은 옷에만 적용되는 것이 아닌 신발, 가방, 액세서리, 시계, 보석, 가구, 건축 등 한 시대의 대표적으로 유행하는 스타일이라고 생각하면 될 거에요.

그래서 패션디자인의 종류는 다양하며 그중에서도 가장 대표적인 패션디자인 하면 의상디자인이 있지요. 일반적으로 패션디자이너 하면 의상디자이너를 지칭하며 거의 유사한 단어로 쓰이고 있어요.

💬 패션디자이너가 하는 일은 무엇일까요?

"여러분은 어떤 스타일을 좋아하시나요?"라고 물으면 머릿속에 가장 먼저 무엇을 떠올리게 되나요? 옷? 헤어? 신발? 액서서리? 그것이 무엇이든지 간에 '어떠한 스타일'이라고 할 때 우리는 가장 먼저 그 물건의 형태와 색감, 문양, 재질 등을 떠올리게 될 거예요. 바로 이러한 것들을 결정하고 디자인하여 아름답게 표현하는 것이 패션디자이너가 하는 일이에요. 다음 예를 볼까요?

예쁜 여성복을 디자인 하는 '나예뻐' 씨는 매일 밤 고민을 하고 있어요. 올 봄에 사람들이 좋아하게 될 색감은 무엇이고 올해는 어떠한 형태와 길이의 스커트가 유행할 것인지, 그리고 요즘 사람들이 추구하고 있는 생각은 어떠한 것인지…… 등등을 고려해 트랜드 예측과 시장조사를 해야 하거든요.

아무리 생각해도 아이디어가 떠오르지 않는 '나예쁘' 씨는 사무실에 앉아서 인터넷을 뒤지기만 해서는 절대 알 수가 없다고 생각하고 직접 밖에 나가서 사람들을 관찰하기로 했지요. '나예쁘' 씨는 거리의 사람들이 어떤 스타일의 옷을 입고 다니는지 열심히 관찰했고 외국에서는 어떤 옷들이 유행하는지 직접 외국의 유명 패션쇼에도 참가해 보고 상품성이 있는지, '나예쁘' 씨의 브랜드와 잘 어울리는지를 고민하고 사람들의 생각이 어떻게 변화하고 있는지를 알아보기 위해 영화와 드라마, 책을 보며 생각을 정리해 가고 있었지요.

'나예쁘' 씨가 했던 이 모든 일들을 '트랜드 예측'이라고 하며 직접 보고 듣는 것을 시장조사라고 하지요.

패션디자이너들이 가장 먼저 해야 하는 일이 바로 트랜드(유행) 예측과 시장조사에요. 사실 이 과정이 가장 어렵고도 힘든 과정 중에 하나

패션쇼에 선 모델들.

라고 할 수 있어요. 왜냐하면 트랜드(유행) 예측과 시장조사를 잘못하게 되면 이후의 작업이 전부 물거품이 될 수도 있기 때문이지요. 트랜드 예측과 시장조사가 되면 종합적으로 판단하여 상품을 기획하지요.

생각을 현실로……! 샘플작업

'나예뻐' 씨는 앞선 시장조사와 분석을 바탕으로 디자인 작업에 들어갑니다. 구상한 옷의 형태와 색감을 그린 디자인 작업을 한 후 옷의 원단을 선정하고 각종 부자재를 결정하고 색감과 무늬를 그려 넣은 후 가봉(나중에 고칠 수 있도록 임의로 듬성듬성 바느질을 해 놓은 상태)하여 샘플 작업을 해요. 샘플작업 후에는 협업을 하는 사람들과 옷의 디자인에 대해 회의를 한 후 수정할 부분을 수정한 뒤 대량생산을 결정하게 된다고 해요.

제작과정 관리와 디스플레이

옷을 만드는 작업은 많은 사람들의 협업이 필요한 일이에요. 대량생산이 결정된 옷을 만들기 위해서는 디자이너의 작업지시서가 필요해요. 작업지시서 안에는 디자이너의 생각이 담겨져 있지요. 아무리 디자이너가 멋지게 옷을 디자인한다고 해도 패턴사나 재단사. 봉재사 등 구체적으로 옷을 만드는 사람들의 기술이 뛰어나지 않으면 아름다운 옷이 나올 수가 없어요. 그래서 패션은 디자이너뿐 만이 아니라 옷 제작과정에 참여하는 많은 기술자들의 전문성과 노력이 합쳐진 합작품이라고 할 수 있지요.

패션디자이너는 이러한 옷의 제작과정을 관리하며 옷이 완성되면 의류 매장에 옷의 아름다움을 최대한 살릴 수 있도록 마네킹을 배치하고 매장 디스플레이를 하는 일에도 관여하며 홍보를 위해 패션쇼를 기획하고 다양한 방법의 홍보 전략을 구상하기도 하지요.

옷이 출시된 이후에는 소비자들의 반응을 살펴보기 위해 업계 관계자들과 품평회를 열기도 하고 매장을 직접 돌며 현장의 반응을 살피는 일도 디자이너의 중요한 업무 중에 하나에요. 왜냐하면 소비자들의 평가는 소비자 취향과 트렌드를 읽는 데 도움이 되며 다음 제품을 기획하는데 바탕이 될 수 있기 때문이지요.

✒ 패션디자이너를 하려면 무엇을 준비해야 할까요?

패션디자이너는 의상디자인학, 패션디자인학, 의류의상학 등 관련 전문대학을 전공하거나 국내나 해외의 패션학원, 전문 패션 직업교육을 하는 곳에서 전문교육을 받아야 해요.

패션 관련 국가 자격증으로는 의류기술사 · 기사, 한복산업기사 · 기능사, 패션디자인산업기사, 양장 기능사 등이 있으며 이와 같은 자격증을 따는 것도 매우 도움이 된다고 해요.

하지만 패션디자이너는 자격증보다 실력이 더 우선 시 되는 분야이기 때문에 패션디자이너로서 능력을 기르기 위해 부단히 노력해야 해요. 또한 제품을 출시해

패션 디자이너에게 원단은 무척 중요해요.

야 하는 시즌이 다가오면 밤을 새는 경우도 많기 때문에 체력 관리도 매우 필요하다고 해요.

일하는 곳에 따라 작업환경은 많이 다르지만 직접 창작을 하고 스타일을 이끌어가는 단계에 이르기 위해서는 작은 봉제 공장에서부터 대기업의 의류회사까지 다양한 경험이 필요하며 의류회사에 취직하기 위해서는 자신만의 작품을 한눈에 보여 줄 수 있는 포트폴리오를 항상 준비해 둬야 한다고 해요.

패션은 사회와 문화의 영향을 많이 받는 분야이기 때문에 변화하는 속도가 매우 빠르며 훌륭한 디자이너로 성공하기 위해서는 디자인 감각뿐만이 아니라 사회적, 문화적 변화에도 관심을 기울여야 해요.

패션디자이너를 꿈꾸고 있다면 지금 여러분에게 필요한 것은 디자인 대학에 진학할 수 있는 실력을 기르는 것과 함께 다양한 분야에 대한 독서와 사회와 문화가 어떻게 변화하고 있는지에 대한 지속적인 관심을 가지는 것! 그리고 외국어 공부도 충실히 해 두는 것입니다.

☆ 패션디자이너의 전망은 어떤가요?

여러분은 직접 옷이나 가방을 구매해 본 적이 있나요? 만약 구매해 본 적이 있다면 어디에서 주로 구매하나요? 지금은 백화점, 아울렛, 인터넷 쇼핑몰 등 옷을 구매할 수 있는 매우 다양한 방법이 있지요. 몇 년 전만 해도 사람들은 주로 백화점이나 아울렛, 브랜드 매장 등 오프라인 매장에 가서 옷과 패션상품들을 구매했어요.

하지만 인터넷이 보급되고 온라인 쇼핑몰이 성장함에 따라 인터넷을 통해 옷을 구매하는 사람들이 점점 늘어나게 되었지요.

인터넷 쇼핑이 발달하고 스마트 폰이 보급되면서 패션 유통의 큰 변화가 생기기 시작했어요. 그 이유는 온라인 쇼핑몰들의 대부분이 저렴하고 합리적인 가격의 중저가 옷을 판매하면서 인기를 끌게 되었기 때문이에요.

경기 침체가 오래 지속되자 많은 소비자들은 보다 합리적인 가격의 캐주얼한 옷을 선호하게 되었어요. 어쩌면 이것 또한 큰 트랜드라고 할 수 있지요. 젊은 창업가들과 디자이너들은 이러한 트랜드를 읽고 온라인을 중심으로 중저가의 보다 편안하고 일상적인 의상을 선보이기 시작하면서 가격과 질적인 면에서 큰 성공을 거두게 되지요. 오히려 온라인 쇼핑몰을 통해 성공한 패션 창업가들은 오프라인으로 진출하여 자신의 브랜드를 만드는 경우도 생기게 돼요.

또한 인터넷의 발달은 직접 해외사이트에서 패션상품들을 구매할 수 있는 길을 열어 주었고 그로 인해 우리나라 패션 업체들은 해외 브랜드와도 경쟁을 해야 하는 상황이 벌어지게 되었어요.

이렇듯 장기간의 경기침체와 온라인 쇼핑몰의 성장, 해외 직접 구매 등의 요인으로 인해 한국의 패션 업계는 큰 변화를 맞게 되었어요.

소비자들은 이제 고가의 브랜드보다는 보다 저렴하면서 나만의 개성을 살릴 수

인터넷이 발달해도 패션쇼는 계속 될 거예요.

있는 중저가의 옷을 선호하게 되었고 화려하고 튀는 옷보다는 편안하게 일상적으로 입을 수 있는 옷으로 멋있게 매치하여 특별하게 보이는 것을 더 선호하게 되었지요.

이러한 패션 환경의 변화는 대기업 위주의 대량생산을 하던 시스템에서 온라인 쇼핑몰을 중심으로 한 중저가의 실용적인 소량생산 시스템으로 바뀌고 있어요. 이러한 변화는 젊은 창업가와 디자이너들에게 온라인 쇼핑몰로 눈을 돌리게 해주었지요. 온라인 쇼핑몰은 아이디어 넘치고 참신한 나만의 개성으로 트랜드를 잘 읽어 낼 수 있는 감각 있는 디자이너들이 활동하기에는 오히려 더 큰 기회가 될 수 있어요. 또한 역으로 해외시장에 뻗어나갈 수 있는 기회가 될 수도 있기 때문에 여러 어려움에도 불구하고 많은 젊은 디자이너들의 관심 속에서 성장하고 있어요. 그리고 4차 산업시대를 맞아 정보통신기술과 융합되고 있는 분야 중 하나인 '웨어러블' 제품의 대부분이 바로 '패션' 아이템들이지요. 이러한 변화의 움직임을 보더라도 앞으로 패션디자이너들의 활동무대는 점점 더 다양해 질 것으로 보여요.

패션디자이너는 새로운 스타일과 트랜드를 창조하는 사람이에요. 4차 산업이 발달하고 로봇시대가 오더라도 창조하는 일은 결코 없어지지 않을 거예요. 변화하는 패션 시장의 트랜드를 잘 읽고 새로운 아이디어를 접목시킬 수 있는 나만의 개성과 능력을 배양한다면 패션디자이너로서 활동할 수 있는 무대는 더 많아질 것으로 전망돼요.

창조적 직업인 패션디자이너의 전망은 새로운 환경과 만나 더 많은 것을 시도할 수 있기 때문에 밝아요.

파티플래너

파티플래너란 무엇일까요?

파티플래너는 다양한 목적을 가진 파티를 기획하고 파티 운영의 시작부터 끝까지 모든 일을 총괄하는 전문가를 말해요.

파티무엇인가요?

파티는 인류의 역사가 시작된 이래 사회적, 개인적 화합의 장으로써 다양한 목적과 형태로 발전되어 왔어요. 이는 시간이 흐르면서 파티의 성격과 목적이 매우 세분화되어 오늘날에는 다양한 형태의 파티들을 즐기고 있지요.

아주 특별한 날에만 파티를 한다고 생각하는 우리와는 달리 서양은 파티문화가 매우 발달한 나라에요. 그래서 파티의 종류만 해도 목적과 형태에 따라 매우 다양하지요. 서양 사람들에게 있어 파티문화는 매우 친숙하고 자연스러운 생활

멋진 파티 테이블 세팅.

의 일부분이라고 할 수 있어요. 우리나라 또한 눈부신 경제성장과 더불어 여가

생활이 중요해지면서 서양식 파티문화가 젊은 층들 위주로 많이 퍼져 나가게 되

었지요. 이제는 우리의 전통적인 '잔치' '모임' '연회' 등의 단어보다 '파티'라는

단어가 더 일상적으로 느껴지게 되었을 정도니까요. 그럼 이러한 파티의 종류에

는 무엇이 있는지 한 번 살펴볼까요.

파티의 종류

파티의 분야는 생각보다 매우 광범위해요. 개인에서부터 단체, 기업, 국가에

이르기까지 다양한 목적과 형태로 즐기고 있지요. 먼저 파티를 크게 분류하자면

시즌 파티, 기념 파티, 웨딩 파티, 자선 파티, 론칭파티, VIP 초청 파티, 프레젠

테이션 파티 등이 있어요. 이 밖에도 무수히 많은 파티가 있지만, 여기에서는 우

리가 흔히 볼 수 있는 파티 위주로 살펴보도록 해요.

1. 시즌파티 시즌파티는 여러분이 흔히 볼 수 있고 많이 경험해 본 파티로 대

표적인 '크리스마스 파티'와 '할로윈 파티' 등이 있어요.

2. 기념파티　말 그대로 기념이나 축하를 위해 모이는 파티로 대표적인 것은 '생일파티' '베이비 샤워파티'(임신축하 기념파티), 돌잔치, 환갑잔치 등이 있어요.

3. 웨딩 파티　웨딩파티도 기념파티지만 그 규모나 중요성을 보면 따로 분리해서 생각해야 할 정도로 웨딩을 위한 다양한 이벤트가 있어요.

4. 자선 파티　일정한 모금을 위한 행사로 서양에서는 부자들의 전유물처럼 여겨지는 파티가 대부분이었지요. 자선행사를 위한 기부금 모금이 목적이기에 부유한 가문이나 기업의 재력가들을 초대하였으며 자선파티에 초대되는 것만으로도 자신의 명성과 부를 과시 할 수 있는 장으로 여겨진다고 해요. 또한 부자들의 인맥형성을 위한 이벤트로 이용되어 그 규모가 크고 화려했지만 기부문화가 점차 확산되고 대중화되면서 이제는 자선파티에 대한 인식이 바뀌어가고 있다고 해요. 공동의 뜻을 위한 모금행사로써 사회적 문제

웨딩 파티

에 공감하고 참여하는 형태로 변해가고 있는 사례도 늘고 있다고 해요.

5. 론칭파티 새로운 브랜드나 제품을 홍보하기 위한 파티로 화장품, 의류, 자동차등 다양한 제품의 론칭 파티가 있어요. 홍보를 위한 파티이다 보니 기자나 업체 관계자, VIP 고객들이 초대되는 경우가 대부분이라고 해요.

6. VIP 초청 파티 자사의 제품이나 서비스의 주고객층인 VIP들을 대상으로 새로운 제품을 홍보하거나 VIP고객 관리를 위한 파티예요. 우리가 익숙하게 들을 수 있는 행사로는 '백화점 vip' 행사, 'vip 영화시사회' 등이 있어요.

7. 프레젠테이션 파티 여러분도 프레젠테이션이라는 말을 많이 들어 보셨을 거예요. 프레젠테이션 파티는 소비자나 투자자들에게 상품이나 서비스 등에 대해 자세한 정보를 주기 위한 비즈니스 파티 중 하나로서 투자자를 위한 IR(investor relation) PT 파티와 소비자들을 위한 세미나, 심포지엄 등이 있어요.

💬 파티플래너가 하는 일은 무엇일까요?

파티는 무엇에 의해 만들어질까요? 파티를 이루는 요소는 사람, 시간, 장소, 주제라고 해요.

파티플레너는 이 4가지 요소에 대해서 신경 써야 해요.

먼저, 파티에 오는 사람들이 누구인지 파악해야 하며 어떤 시간에 파디가 이루어지는지 장소는 어디인지, 그리고 오늘 이 파티는 무엇을 목적으로 하는지에 대한 면밀한 계획과 준비가 있어야 하지요. 집에서 하는 개인 파티에서부터 국제행사 파티까지 그 규모에 따라 달라지기는 하겠지만 파티를 준비하는 파티플

주제가 정해지면 주제에 맞도록 계획을 짜고 실행하는 것이 파티플래너의 일입니다.

레너의 입장에서는 신경 써야 할 것이 한두 가지가 아니에요. 특히, 성공적인 파티 준비를 위해서는 초청장 발송, 음식, 운영순서, 인테리어, 조명, 이벤트, 안전, 안내 등 다양한 분야의 사람들이 필요하고 이 모든 것을 파티플레너 혼자 할 수는 없는 일이에요. 그렇기에 파티는 여러 사람의 협업에 의해서 이루어지며 파티플레너는 그러한 협업을 잘 이끌어 낼 수 있어야 하지요.

파티플레너의 주요 업무는 다음과 같아요.

첫 번째 파티를 시작하기 전에 오리엔테이션 및 제안서 작성을 하여 전체적인 파티를 기획해요.

두 번째는 게스트 선정과 초청장 발송, 장소를 섭외해요.

세 번째, 앞서 이야기한 조명, 무대, 음향, 음식, 인테리어, 조명, 이벤트, 안전,

안내 등에 대해 준비상황을 체크하고 총지휘하며 현장에서 진행이 잘 이루어질 수 있도록 감독해요. 규모가 크고 중요한 행사일수록 파티플래너의 역할은 더 중요해지겠지요.

마지막으로 파티가 끝난 뒤 마무리를 하고 파티에 참석한 사람들과 전체적인 파티에 대해서 사후 만족도를 알아보고 조사하여 사후관리도 신경 써야 하지요.

✑ 파티플래너를 하려면 무엇을 준비해야 할까요?

파티플레너가 되기 위해서는 이벤트 연출과, 관광이벤트 학과, 산업경영 학과 등 관련 학과를 전공하면 유리하겠지만 직접 파티관련 회사에서 실무경험을 쌓아 실력을 키우는 방법도 있어요.

계획을 꼼꼼하게 세우고 분석하는 기획력과 새로운 파티를 위한 창의적인 아이디어, 파티에서 발생할 수 있는 수많은 실수와 사고에 대한 위기대처 능력과 판단력, 열정, 여러 사람과 협업할 수 있는 소통능력, 성공적인 파티를 위한 책임감, 수많은 사람들을 일사분란하게 움직이는 통솔력과 리더쉽! 전부 파티플레너가 가져야 할 자질입니다.

하지만 이런 자질들은 오랜 경험과 끈기 있는 인내력의 산물이라고 생각해요. 하루아침에 이루어지기가 힘든 부분이니 만큼 꾸준히 경험을 쌓아가야 하지요. 무엇보다도 지금 여러분이 파티플래너로서 체험해 볼 수 있는 일 중 하나는 '사람'에 대해서 풍부한 이해력을 기르기 위한 노력이에요. 사람들의 생각이 어떻게 변하며 무엇을 좋아하고 어떻게 즐기기를 원하는가와 같은 시대가 변함에 따른 사람들의 변화에 대한 이해는 파티를 기획하는 데 매우 중요한 일이지요.

또한 사람에 대한 이해는 사회에 대한 이해가 함께 이루어져야 해요. 이를 위해 패션, 음악, 책, 미술, 인테리어 등 다양한 분야에 관심 가져 보기를 바라요.

두 번째는 지금 바로 작은 파티를 한번 기획해 보라고 권해드리고 싶어요. 예를 들면 친구들과 함께 하는 '파자마파티'라든가 친구나 동생, 혹은 가족들의 생일에 본인이 주축이 되어 파티를 기획하고 음식을 만들어 보고 장소를 섭외하고 장식도 하면서 이벤트를 준비해 보세요. '백문이 불여일견'이라는 말이 있듯이 정보를 듣고 책을 읽는 것도 중요하지만 직접 파티를 준비해 보면 파티플레너가 무슨 일을 하며 어떤 마음가짐을 가져야 하는지 바로 알 수 있을 거라 생각해요.

가령 친구들과 함께하는 파자마 파티를 생각해 볼까요?

먼저 초대할 친구들의 시간을 맞추어 날짜를 정해야 해요. 그리고 어떤 음식을 준비할 것인지, 음식을 직접 할 것인지 시킬 것인지, 어떤 음식을 먹을 건지부터 내 방을 어떤 분위기로 꾸밀 것인지 한 번 생각해 보세요. 또 어떤 놀이를 할 것인지 파자마는 무슨 주제로 입을 것인지, 파티 이후에 친구들 평은 어떤지도 체크해 보세요. 성공적인 파티였는지 아니면 조금 기대에 못 미치는 파티였는지…… 아마 여러분은 파티의 만족도에 상관없이 이 파티가 끝날 때쯤 멋진 파티플레너의 길로 한 걸음 다가설 수 있을 거예요.

⭐ 파티플래너의 전망은 어떤가요?

여가생활을 중요시 하는 사회 분위기가 고조되고 다양한 이벤트를 통해 삶의 활력소를 찾아가고자 하는 현대인들에게 파티문화는 더 많이 보급될 것이라고 예상돼요.

여가 생활이 중요해지면서 피티플래너의 영역은 넓어지고 있어요.

　현재 파티플레너는 능력에 따라 보수와 대우가 결정되기 때문에 파티 관련 회사에서 충분한 능력을 인정받고 풍부한 경험을 쌓은 사람들은 창업을 하거나 고소득 프리랜서로 일하는 경우가 대부분이라고 해요. 또한 능력과 경험에 따라 소규모 파티에서 시작해 기업이나 국제 행사에까지 진출하고 있으며 파티 분야도 점점 세분화, 전문화되어 영역이 확장되고 있기 때문에 파티플레너들의 역할 또한 매우 중요해지고 있지요.

　이제 파티행사는 기업의 중요한 마케팅의 한 영역으로 부상하고 있으며 국제 행사를 통한 외교적인 분야에서도 중요한 역할을 하고 있어 파티플래너의 위상 또한 높아질 것이라 선망되고 있어요.

플로리스트

❓ 플로리스트란 무엇일까요?

플로리스트는 상황과 공간에 맞는 꽃 디자인을 하고 꽃을 예쁘게 장식하며 포장하고 판매하는 일을 하는 전문가를 말해요.

💬 플로리스트가 하는 일은 무엇일까요?

여러분은 언제 꽃 선물을 받아 보셨나요? 아마 졸업식이나 입학식에서 가장 많이 받아 보았을 거예요. 아니면 결혼식, 생일파티 등 특별한 행사가 있을 때 꽃 장식을 하거나 꽃을 주고받은 기억이 있을 거예요. 이처럼 예쁜 꽃다발을 만들거나 행사가 있는 공간에 어울리는 꽃 장식을 하는 전문가를 '플로리스트'라고 해요.

플로리스트는 꽃을 포함한 다양한 화훼류(보고 꾸미기 위한 용도의 모든 식물)

를 도매 시장에서 구입하여 소비자에게 파는 일을 하며 고객의 요청에 의해 결혼식 부케, 졸업식 축하 꽃다발, 장례식의 추모 꽃다발 등을 제작하는 일과 교회나 성당 혹은 사찰 등의 성전을 꾸미는 성전 꽃꽂

플로리스트는 파티, 축하, 감사 등 목적에 맞는 꽃을 선택해요.

이 등을 의뢰받아 진행하기도 해요.

또한 결혼식이나 이벤트 행사 등의 장식을 위해 전체적인 콘셉을 기획 디자인하고 장식할 꽃의 종류와 소재를 선정하고 배치 등을 결정한 후 아름답게 장식하는 일도 하지요.

화훼장식에 대한 개인 레슨이나 문화센터, 전문 학원, 학교에서 강사로 활동하기도 해요. 또한 디자인을 연구하고 다양한 신품종 화훼에 대한 공부와 유행하는 스타일에 대한 감각을 놓지 않기 위해서 플라워 쇼나 다양한 관련 잡지와 책을 보고 자기 개발도 하지요.

✎ 플로리스트를 하려면 무엇을 준비해야 할까요?

플로리스트가 되기 위한 방법은 다양하지만 그중에서도 전문적인 플로리스트로서의 역량을 키우기 위해서는 농업고등학교의 화훼나 원예를 전공하고 대학

의 원예학이나 화훼장식학과, 화훼디자인과를 전공하면 유리하지요. 또한 문화
센터나 평생교육원, 일반 사설학원을 통해 일정 기간 공부를 한 뒤 자격을 갖춘
후 진출하는 방법도 있어요.

관련 자격증으로는 한국산업인력공단에서 실시하는 '화훼 장식기능사'와 더
높은 수준의 '화훼장식기사'가 있으며 이는 농업 관련 국가 공인 자격증이에요.

직접 화훼를 재배하는 시설 농가나 화원에서 일하며 실무경력을 쌓는 방법도
있어요. 손으로 직접 만지고 실습을 통해 익혀야 하는 분야이기 때문에 현장실
무와 경험이 아주 중요한 분야에요.

이밖에도 영국의 '제인 패커 플라워 디자인 학교'를 비롯해 미국의 '파슨스',
독일의 공인 플로리스트 마이스터 과정, 네덜란드의 '보어마 인스티튜트' 등 꽃
문화가 일찍부터 발달한 유럽과 미국에서 공부하는 방법도 있습니다.

플로리스트는 우아하고 편하게 보이는 겉모습과는 달리 꽃을 준비하기 위해
서는 새벽 도매 시장을 나가야 하고 고객이 요청한 기일까지 작품을 완성하려면

파티플래너와 플로리스트가 공동 작업한 웨딩 파티.

밤을 새우는 일도 잦은 편이에요. 다소 큰 웨딩홀이나 파티장 등 주요 행사장소와 같은 공간은 행사가 열리기 전에 모든 세팅을 완료해야 하는 이유로 인해 대부분 새벽 작업이 많으며 수백 송이의 꽃을 꽂거나 자르는 반복적인 손작업 때문에 손 관절 등에 무리가 가는 일이 많아 체력관리에 특별히 더 신경을 써야 하는 일이라고 해요.

또한 꽃은 살아 있는 생물이기 때문에 관리가 조금만 소홀해도 시들어 버리므로 행사가 끝날 때까지 물주기, 습도조절, 환기 상태 등을 끊임없이 관리하고 신경 쓰는 일도 플로리스트가 해야 될 중요한 일 중에 하나입니다.

플로리스트가 되기 위해서는 자신만의 독창적인 색채와 형태를 살릴 수 있는 디자인 감각과 센스가 필요하며 한 작품을 완성시키는 데는 많은 노력과 정성을 쏟아야 하지요. 그래서 플로리스트는 고객의 성향을 잘 파악하여 고객이 원하는 스타일을 잘 찾아낼 줄 아는 감각이 중요하며 자신의 스타일을 너무 고집한 나머지 협업을 하는 파티플래너나 스타일리스트, 혹은 꽃 장식을 도와주는 스텝과 마찰이 없도록 인내심과 책임감이 많이 필요한 일이라고 해요.

플로리스트를 꿈꾸고 있다면 평소에 화원을 찾아 한두 송이라도 예쁜 꽃을 자주 사보세요. 요즈음은 개량한 신품종 꽃들이 매우 많이 나오고 있기 때문에 꽃 이름을 외우고 꽃다발을 만들어 보는 것만으로도 이미 플로리스트가 된 것 같을 거예요.

평소에 꽃과 화훼장식에 관심을 갖고 꾸준히 관련서적을 읽는 등 꽃에 대한 사랑과 열정은 늘 함께해야겠지요?

✪ 플로리스트의 전망은 어떤가요?

우리는 특별한 날이 아닌 일상생활 속에서 꽃을 장식하거나 꽃꽂이를 하는 경우가 그리 많지 않아요. 하지만 우리나라의 꽃 장식 문화는 생각보다 오래된 역사를 가지고 있으며 1960~70년대는 동양 꽃꽂이라는 이름으로 상류층들만의 고급문화로 자리 잡았어요. 이후 경제가 급속히 성장하면서 여가생활에 대한 여유와 관심이 생기고 유럽과 미국 유학파인 플로리스트들의 활동이 시작되면서 꽃 장식 문화가 서서히 대중의 관심을 받게 되었어요.

요즈음은 특정 계층의 문화생활로서만이 아닌 보편적인 대중문화로 널리 퍼지고 있으며 생활이 향상되고 여가 생활의 질을 높이 고자 하는 욕구와 웰빙 well-being 바람이 확산되면서 많은 사람들이 자연과 가까이 하고자 하는 문화가 형성되고 자연스럽게 화훼 장식은 우리 생활 속으로 들어오게 되었어요. 또한 점점 늘어나고 있는 각종 이벤트와 파티문화에 꽃 장식이 매우 중요한 공간 장식 요소로 이용되면서 사치품이라고 여겼던 꽃에 대한 사람들의 인식에도 큰 변화를 맞게 되었어요.

파티, 부케, 성화, 장식용 등등 플로리스트의 손길이 필요한 곳은 많아요.

하지만 이러한 화훼 장식의 발전과는 달리 경기 침체로 인해 화훼 농가와 산업은 많은 어려움을 겪고 있어요. 최근에는 이러한 어려움을 극복하기 위해 플로리스트를 양성하고 각 지자

작업 중인 플로리스트.

체들은 화훼장식 문화를 확산시키려고 노력하고 있다고 해요.

단순히 꽃을 파는 것보다 꽃을 이용한 디자인 작업을 거쳐 만들어진 화훼 장식이 훨씬 더 많은 부가가치를 창출하게 된다는 것을 인식하고 화훼 농가와 많은 관련 기간에서는 문화와 예술로서 플로리스트들을 양성하고 새로운 문화 콘텐츠로서 화훼 장식을 발전시키기 위해 노력하고 있다고 해요.

무엇보다도 플로리스트는 '플로리스트'라는 이름에서도 알 수 있듯이 단순한 꽃장사가 아닌 꽃^{flower}을 이용한 공간장식의 예술가^{artist}이자 창작자로서 미래 전망은 밝은 편이라 할 수 있어요.

플로리스트가 되고 싶다면 빨리 결과를 내려 하지 말고 조금 넓고 장기적인 안목으로 계획을 세워 실력을 차근차근 쌓아 갔으면 좋겠어요. 그렇게 실력이 쌓이게 되면 아티스트로서 나의 콘텐츠와 브랜드를 가지고 평생 동안 할 수 있는 몇 안 되는 직업이 될 수 있을 거예요. 4차 산업의 핵심 직업은 인간을 이해하고 인간과 교감하는 것이기 때문에 플로리스트가 가진 꽃을 이용한 치유력과 이를 통한 예술로의 승화는 단순작업으로는 이루어질 수 없기 때문에 일이 주는 보람만큼 고소득 업종으로의 가치가 높다고 봅니다.

chapter
2

복지 전문가

반려견 행동 전문가

❓ 반려견 행동 전문가란 무엇일까요?

반려견 행동 전문가란, 반려견 문제 행동의 진단 및 원인을 분석하여 반려인과의 소통을 통해 문제 행동을 개선하도록 돕는 일을 하는 전문가를 말해요.

💡 반려견? 애완견? 무엇이 다른가요?

반려견이라는 말은 언제부터 썼을까요? 혹시 여러분은 반려견이라고 부르나요? 아니면 애완견이라고 부르나요?

우리가 쓰는 말의 변화를 잘 따라가다 보면 아주 재미있는 것을 발견할 수 있어요. 그 이유는 말이라는 것이 사람들의 생각을 반영하기 때문이죠. 없었던 말이 새로 생긴다는 것은 사람들의 생각이 바뀌고 있다는 증거이기도 해요.

'반려견'도 그런 말 중에 하나예요.

반려견과의 교감은 매우 중요합니다.

　예전에는 반려견이라는 말보다 애완견이라는 말을 썼어요. 하지만 지금은 반려견이라는 말을 사용하고 있습니다. '좋아하는 장난감'의 뜻이 포함되어 있는 애완견이라는 말 대신 평생을 교감하고 가족으로 함께 살아간다는 뜻이 포함되어 있는 반려견을 쓰게 된 것이지요. 그렇기 때문에 반려견이라는 말은 이제 단순히 좋아하여 옆에 두고 기르는 강아지를 넘어서서 함께 사는 가족의 의미를 포함하고 있습니다.

　점점 반려견, 반려묘, 반려동물이라는 말을 많이 쓰게 된다는 것은 이제 사람들이 강아지나 고양이를 단순히 동물이 아닌 평생 함께 살아가는 가족으로 받아들이고 있다는 것이지요.

💬 반려견 행동 전문가가 하는 일은 무엇일까요?

반려견 행동 전문가가 하는 일은 매우 많아요.

먼저, 반려견의 문제행동을 진단하고 분석해요. 정확한 진단과 분석을 하려면 반려견에 대한 세심한 관찰이 필요하지요. 그래서 반려견 행동 전문가는 반려견의 습성, 성격, 행동에 대한 지식과 경험이 많아야 해요.

둘째 문제행동의 원인을 반려인에게 이해시키고 필요할 때는 도움을 요청해요. 문제행동의 대부분은 반려인과 함께 사는 환경에서 발생한 것이기 때문에 반려인과의 소통은 매우 중요해요. 어쩌면 반려인의 잘못된 생각과 반려견에 대한 이해 부족이 문제 행동을 만드는 원인이 될 수도 있기 때문이에요.

때로는 반려견의 습성을 잘 몰라서 문제행동을 이해하기 어려워하는 반려인도 있고 문제해결을 위한 처방을 받아들이기 어려워하는 반려인도 있어요. 그럴 때는 반려인이 개선해야 할 일들이 무엇인지 잘 이해시키고 설득해야 하는 일도 반려견 행동 전문가가 해야 할 일이에요. 그래서 사람과의 친화력과 소통하려는 마음 자세 또한 반려견 행동 전문가가 가져야 할 매우 중요한 덕목이지요.

셋째, 문제행동의 원인을 개선할 수 있는 교육프로그램을 만들어요, 반려견의 문제행동을 바꾸는 교육은 매우 많아

강아지일 때부터 교감은 시작돼요.

요. 이미 효과가 입증된 교육방법을 진행하기도 하지만 경험이 많은 행동 전문가들은 자신의 경험을 바탕으로 새로운 교육 프로그램을 진행하기도 해요. 그렇기 때문에 반려견 행동 전문가는 새로운 교육법에 대한 창의력과 열정이 있어야 하지요.

✒ 반려견 행동 전문가를 하려면 무엇을 준비해야 할까요?

아직 우리나라에는 공식적인 자격증이 없어요. 하지만 각 대학에서 반려동물 관련 전공을 하면 훨씬 더 유리할 거예요. 요즘은 반려동물 행동학이나 훈련사 과정을 개설하는 대학이 많이 늘고 있어요. 그렇다고 꼭 전공을 해야만 하는 것은 아니에요. 전공자가 아니더라도 여러 기관에서 반려동물 행동 전문가 과정을 수료하고 민간자격증을 딴 다음 활동할 수 있는 기회가 있어요. 요즘은 나라에서도 직업훈련 과정으로 반려견 행동 전문가가 되려는 사람들에게 교육의 기회를 주고 있습니다.

좀 더 체계적인 교육을 받고 싶다면 CCPDT라는 국제 공인 반려견 트레이너 과정에 도전해 보세요. 전 세계 30여 개국에서 통용되는 공신력 있는 국제 자격 증이랍니다.

반려견 행동 전문가로 활동하는 데 자격증은 매우 중요한 요건이 되지만 그보다 더 중요한 것은 반려견에 대한 관심과 사랑입니다. 보호가 필요한 생명을 돌보는 일이기 때문에 소명의식이 필요한 것이지요. 반려견을 키워봤다면 어떤 마음으로 돌봤는지를 떠올려보고 충분히 목적의식을 가지고 할 수 있다면 시작해 보세요.

⭐ 반려견 행동 전문가 전망은 어떤가요?

우리나라의 반려동물 인구는 약1000만 명이라고 해요. 그중에서도 반려견 인구는 약 500만 명 정도 된다고 해요. 이렇게 반려견 인구가 늘어난 데에는 반려견에 대한 사람들의 인식이 바뀌고 있는 것과 사회가 점점 핵가족화와 1인 가구화되는 것이 가장 큰 이유라고 합니다. 그만큼 반려견과 사람이 함께 살아가는 일이 늘어나고 있다는 것이지요. 하지만 반려견에 대한 이해가 아직 많이 부족하기 때문에 요즘은 반려견 행동 전문가들이 나오는 TV프로그램이 인기입니다. 케이블 방송이나 유튜버로도 활동하면서 영역도 더 넓어지고 있고요.

반려견 행동 전문가들은 반려견 훈련소나 애견카페, 애견유치원에서 일하기도 하고 프리랜서로 일하기도 해요. 우리나라는 이제 시작하는 영역이지만 미

반려견에 대한 인식 개선은 동물복지로 이어지고 있으며 가족이 된 반려견의 행복 추구를 위해 반려 행동 전문가의 필요성은 갈수록 커져가고 있습니다.

국이나 유럽, 일본 등에서는 이미 의뢰인의 요청에 의해 가정 방문을 해서 상담하는 행동 전문가들이 많이 있어요. 당장 일본만 보아도 반려동물 케어 전문가와 행동 전문가가 많아지고 있기 때문에 앞으로의 전망은 매우 밝다고 할 수 있어요.

다양한 종류의 반려견의 성격을 이해하는 것은 반려견 행동전문가에게 매우 중요한 일입니다.

복지원예사

❓ 복지원예사란 무엇일까요?

복지원예사는 식물을 이용하여 심리적, 신체적 안정과 향상을 위해 수행하는
모든 원예 활동의 과정을 계획하고 진행하며 평가하는 전문가를 말해요.

💡 복지원예란 무엇인가요?

여러분은 예쁜 꽃을 보거나 푸른 나무를 보면 어떤 생각이 드시나요? 스트레
스를 받거나 우울할 때 나무가 많은 공원이나 꽃이 핀 거리를 걷다 보면 기분이
상쾌해지는 것을 느껴본 적이 있나요?

식물은 산소를 공급해 주고 공기를 정화해 주며 채소, 과일, 곡식 등 다양한
먹을거리를 주는 것뿐만 아니라 정신적인 치유와 안정을 주는 역할을 하고 있어
요. 그래서 사람은 식물과 떨어져서는 살 수가 없습니다.

이렇게 사람에게 많은 이로움을 주는 식물을 심고 가꾸고 꾸미는 모든 활동을 원예활동이라고 하며 이 원예활동을 통해 사람의 마음과 몸을 치유해 가고 향상시켜 가는 모든 과정이 '복

식물을 통해 치료받는 과정을 복지원예라고 합니다.

지원예(과거에는 원예치료 였지만 2013년부터 복지원예로 변경됨)'에요.

사람의 심리적, 신체적 안정과 향상을 위해 식물을 이용하게 된 건 언제부터 였을까요?

원예치료의 역사는 유럽에서 먼저 시작되었어요. 1930년대 영국에서 원예치료에 관한 법을 만들고 정신질환 환자들을 병원농원에서 작업을 시키면서부터라고 해요. '원예치료 및 농업훈련협회'가 탄생하고 원예치료사를 배출하면서 현재까지 이어오게 된 것이죠.

미국의 벤자민 러쉬Benjamin Rush 교수가 정신질환 환자에게 효과가 있다는 것을 발표하면서 정신치료의 한 과목으로 다루게 되고 미시간주립대에서 원예치료 학사를 수여하면서 본격적인 학문으로써의 연구가 시작되지요.

한국의 원예치료는 1997년 '한국 원예치료 연구회' 발족을 시작으로 2000년에 '한국 원예치료 연구회'와 '한국 인간식물 환경학회'가 '한국 원예치료 협회'로 통합된 후 많은 사람들의 관심을 받으며 성장해 왔어요.

💬 복지원예사가 하는 일은 무엇일까요?

복지원예사가 하는 일은 매우 다양하지만 크게 4가지로 요약할 수 있어요.

첫 번째로 복지원예사는 자신이 맡은 대상자에 맞는 '프로그램'을 개발해야 해요. 아동, 노인, 여성, 남성, 연령병, 신체적, 정신적 상황에 맞는 프로그램 개발은 매우 어려운 만큼 가장 보람된 일일 수가 있어요. 똑같은 꽃을 심어도 아동인지, 노인인지, 여성인지, 남성인지, 정서적 장애인지, 신체적 장애인지에 따라 난이도와 쓰이는 도구, 식물 등이 달라질 수 있기 때문이지요. 예를 들어 초등학교 저학년 아이들에게 가시가 많은 다육이 종류는 조심해야 하며 몸이 불편한 장애인들에게 복잡하고 정교한 압화 작업을 진행하는 것은 프로그램의 목표를 달성할 수 없는 요인이 될 수도 있기 때문이지요.

두 번째는 복지원예 프로그램을 진행하는 데 있어 사전, 사후 검사를 실시하여 대상자들이 어떻게 변화하였는지를 꼼꼼하게 체크하는 일을 해요. 복지원예는 그냥 농사를 짓는 것과 과수나 채소를 재배하는 것과는 차이가 있어요. 원예 활동을 통해 이루고 싶은 정확한 목표와 그 목표를 이루기 위한 구체적인 프로그램이 있지요. 예를 들면 우울감이 심한 대상자들이 원예치료를 통해 우울감이 얼마나 감소되었는지를 꾸준히 관찰하고 프로그램

흙을 만지고 식물을 보살피는 과정은 마음에 평화를 준다는 연구 결과들이 있습니다.

전, 후를 통해 수치로 보여 줄 수 있어야 해요. 과학적인 분석방법을 통하여 일반화 할 수 있는 통계를 제출할 수 있어야 정확한 치료로서의 가치가 있기 때문이에요.

세 번째는 확실한 치료 목표를 달성하기 위한 철저한 과정을 계획하는 일이에요. 복지원예 프로그램은 단순히 농사를 짓는 일이 아닌 과학적인 통계를 도출해 낼 수 있어야 하고 원예활동 하나하나가 대상자의 어떤 부분을 향상 시킬 수 있는지 꼼꼼하고 철저하게 계획되어 있는 프로그램이어야 한다고 해요. 다시 말하자면 채소재배의 목표는 채소를 길러 맛있게 먹는 것이기에 잘 기를 수 있는 재배방법을 연구하지만 복지원예는 채소를 기르는 과정을 통해 대상자의 신체적, 정신적 치료가 얼마만큼 되었는지를 관찰하고 복지원예사가 원하는 치료 단계까지 오르도록 진행하는 것에 목표를 두고 있어요.

마지막으로 복지원예사는 다양한 식물에 대한 공부와 다른 관련 학문과의 공유를 통해 끊임없는 자기계발을 해 나가야 해요. 복지원예는 원예학, 정신의학, 재활의학, 사회학, 간호학, 심리상담학 등 다양한 분야와 연관되어 있는 분야이며 복지원예사는 이러한 분야를 적용할 수 있는 능력을 개발하는 노력이 필요합니다.

✒ 복지원예사를 하려면 무엇을 준비해야 할까요?

복지원예사를 하기 위한 국가자격증은 아직 없으나 민간자격증으로 '복지원예사 1급, 2급, 3급'이 있어요. 자격증을 따는 과정은 강의와 실습을 포함해 약 1년 정도의 시간이 걸린다고 해요. 복지원예사를 위한 필수 전공 학과는 없지만 원예학, 의학, 심리학, 간호학, 사회학 등을 전공하면 매우 유리하지요.

또한 고려대, 건국대, 단국대에는 원예치료 대학원 과정이 개설되어 있어 전공을 하지 않았더라도 대학원에 가서 심도 깊은 공부를 할 수 있는 길이 열려 있어요. 복지원예사는 다양한 대상자들을 만나야 하기 때문에 대상자들의 입장에서 소통하고 그들을 목표에 맞게 잘 이끌어 낼 수 있는 리더쉽과 내용 전달력 그리고 사람을 이해하려는 노력이 필수이겠지요.

또한 치매노인과 어린아이들, 정신적 지체를 가진 장애인들과 만나서 프로그램을 진행하게 될 때, 의사소통이 원활하지 않거나 돌발 상황이 발생하는 경우가 생길 수 있기 때문에 그러한 상황을 현명하게 대처할 수 있는 순간대처능력과 인내심도 매우 필요합니다. 또한 복지원예사의 중요한 일 중 하나가 대상별에 맞는 프로그램을 매번 생각하고 개발해내야 하는 창작자로서의 일이기도 해요.

그래서 복지원예사는 식물에 대한 지식과 관련 지식을 이용한 보다 효율적인 프로그램을 창조해 낼 수 있는 창의력과 스스로에 대한 자신감, 자신의 프로그램에 대한 확신이 있어야 해요. 이처럼 복지원예사가 되기 위해서는 정말 많은 것을 공부하고 갖추어야 할 것도 많지만 가장 중요한 것은 '자연을 사랑하고 사람을 존중하는 마음'을 갖는 것이라고 생각해요.

☆ **복지원예사의 전망은 어떤가요?**

아직 우리나라는 '복지원예'가 시작된 지 얼마 되지 않았지만 한국의 '복지원예'의 사례와 연구는 세계적인 수준이라고 해요.

복지원예의 방법도 다양해요.

복지원예사들이 근무하는 곳은 노인병원이나 장애인 시설, 복지관, 학교, 문화센터 등 다양하며 아직은 정규직보다는 프리랜서가 더 많은 실정이에요.

하지만 복지원예사는 이제 막 시작하고 있는 분야이며 사회가 다양해지고 무한 경쟁의 사회로 접어들면서 사람들은 정신적, 신체적 안정을 위해 식물에 대한 관심이 높아져가고 있습니다. 1인 가구와 노령인구의 증가, 미세먼지 또한 식물을 찾는 수요를 높이는 원인이라고 해요. 사회적 스트레스와 고독감을 치유하는 데 있어 식물만큼 좋은 친구는 없지요.

원예치료가 자존감과 행복감을 높이고 우울증을 비롯한 스트레스, 불안을 감소시키는 데 큰 역할을 한다는 것은 많은 원예치료 연구자들의 논문을 통해 증명되었어요. 실제 '반려동물'에 이은 '반려식물'이라는 신조어가 생길 만큼 상대적으로 관리가 쉽고 미세먼지를 정화시켜주는 스투키와 금전수 등의 공기정화 식물 위주로 미니멀한 식물 화분들의 인기는 높아지고 있는 추세라고 해요. 실제 업계 관계자들에 따르면 2016년 반려 동·식물의 판매량은 2조원에서 2020년 5조 8000억 원까지 늘어날 거라고 전망하고 있으며 유명 백화점들은 반려식물의 인기에 힘입어 홈가드닝 코너를 신설하고 매출 또한 급성장하고 있다고 해요.

경기도 농업기술원에서 운영하는 '사이버 식물병원'은 날이 갈수록 그 인기가 올라가고 있으며 상담건수는 매년 늘고 있다고 해요.

이처럼 다양한 원인으로 인한 사회 환경의 변화는 식물과 함께 하는 삶에 대한 필요로 이어질 것이며 '복지 원예사'의 역할 또한 매우 넓어지고 다양해 질 것이라고 전망돼요.

복지원예사는 식물의 종류와 성격을 꼼꼼히 살펴 대상자에게 적합한 식물을 프로그램에 적용하지요.

환경병 컨설턴트

환경병 컨설턴트란 무엇일까요?

'환경병 컨설턴트'는 환경오염으로 발생하는 병에 대해 원인을 분석하고 해결책을 제시하며 환경정책과 법안, 교육, 예방에 관한 진단과 지도를 하는 전문가를 말해요.

환경병은 무엇인가요?

환경병은 오염된 환경에 의해 생기는 병을 말해요. 대표적인 환경병으로는 아토피, 알레르기 비염, 새집 증후군, 천식 등이 있지요.

환경병은 산업화로 인한 자연

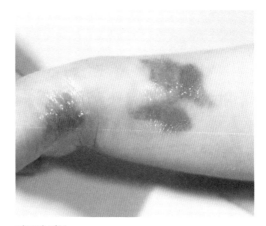

아토피 피부

대기오염도 환경병의 주 원인으로 꼽히고 있습니다.

환경의 오염으로 인해 발생하는 병으로 그 원인은 미세먼지, 매연, 공장폐수, 화학첨가물, 방사능, 중금속, 자동차 배기가스, 소음공해, 각종 건축자재, 페인트 등 너무나 많은 것들이 있어요.

우리가 일상 생활 속에서 사용하고 있는 모든 생활용품과 건축자재, 의류, 식품, 화장품 등에는 화학첨가물이 쓰이고 있기 때문에 환경병의 위험은 언제나 발병할 수 있는 가능성을 가지고 있지요.

이러한 환경병에 대한 심각성은 우리나라뿐만 아니라 전 세계인들의 관심사이기도 해요. 그래서 전 세계에서는 환경오염을 막고자 풍력, 태양광, 전기차, 메탄가스 등 다양한 미래 에너지에 대한 연구와 수질 개선, 땅의 오염방지, 공기정화, 나무심기 등의 환경활동을 통해 개선해 나가고자 노력하고 있지만 환경오염의 속도를 따라가지 못하고 있다고 해요.

💬 환경병 컨설턴트가 하는 일은 무엇일까요.

환경병 컨설턴트는 환경병의 원인을 알아내고자 원인 해결을 위한 구체적인 방법을 연구하는 일을 해요. 기업과 정부기관에 무엇이 환경오염으로 인한 병인 가를 알려 주고 환경정책을 지키도록 권고하며 환경병으로 인한 피해가 발생했을 때는 보상을 요구하는 일도 하지요. 또한 환경정책과 법률을 만드는 데에도 큰 역할을 하며 환경병으로 발생할 수 있는 질병에 대해 미리 알아내어 사람들에게 교육하는 일도 담당한다고 해요.

🖋 환경병 컨설턴트를 하려면 무엇을 준비해야 할까요?

환경병 컨설턴트가 되기 위해서는 환경공학, 환경학, 환경과학, 환경시스템공학, 화학 등의 관련학과를 전공하고 자연생태복원산업기사, 수질관리기술사, 대기관리기술사 등의 국가자격증을 따면 매우 유리하다고 해요.

환경병 컨설턴트는 연구소나 기업, 대학 연구소에서 연구하는 경우가 많다고 해요.

환경병의 원인을 구체적으로 규명하는 것은 매우 힘들고 어려운 과정이에요. 2016년에 있었던 '가습기 살균제 사

주거 환경도 환경병 방지를 위해 컨설팅을 받는 시대가 되었습니다.

건'을 보더라도 문제의 원인을 규명하는 데까지 꽤 오랜 시간이 걸렸기 때문이
지요. 끊임없는 실험과 연구를 해야 하며 환경문제에 대한 남다른 관심과 사명
의식이 있어야 하고 많은 사람들에게 환경병을 알리고 환경정책을 지킬 수 있도
록 권고하기 위해서는 설득력 있고 논리적인 언변과 사람들과 공감하고 소통하
고자 하는 노력이 필요하지요.

⭐ 환경병 컨설턴트의 전망은 어떤가요?

우리에게는 '환경병'이나 '환경병 컨설턴트'라는 말조차 매우 생소하게 들릴
정도로 이제 시작인 직업이에요. 하지만 '유엔미래보고서 2025'에서는 미래 유

공장의 매연은 미세먼지를 위험한 수준으로 만들기도 합니다

망직업으로 '환경병 컨설턴트'를 꼽았어요.

환경 분야는 여러 가지 이유로 관련 전문가가 많이 필요한 곳이에요. 지구상에는 사람들이 만들어 놓은 환경오염도 있지만 자연적인 기후변화로 인한 다양한 재해와 병이 생기고 있거든요. 그 대표적인 예로 뎅기열, 지카바이러스, 콜레라, 각종 전염병 등이 있어요.

이러한 병들은 지구의 기온이 상승하면서 열대지방의 전염병들이 모기의 이동경로를 타고 전 세계에 급속도록 퍼지게 되면서 발병하게 되었어요.

기후변화는 생태계를 교란시키며 동식물의 서식지를 변화시키고 그로 인한 많은 전염병의 발생 등으로 문제가 되고 있지요. 이렇듯 환경 분야는 환경병뿐만이 아닌 기상이변의 측면에서도 그 심각성이 큰 만큼 관련 전문가에 대한 많은 수요가 있을 것으로 전망되고 있어요.

온난화는 북극곰의 멸종을 불러오고 있습니다.

아름다운 자연환경은 동식물뿐만 아니라 사람에게도 축복입니다.

사회복지사

❓ 사회복지사란 무엇일까요?

사회적인 도움이 필요한 노인, 여성, 청소년, 장애인, 아동 등 다양한 계층의 어려움을 돕고 문제해결을 위한 전 과정을 기획하고 운영, 평가하는 일을 하는 전문가를 말해요.

💡 사회복지란 무엇인가요?

사회복지는 한 국가의 국민들의 행복 추구와 인간다운 삶을 살 수 있도록 돕는 다양한 복지제도를 위한 모든 정책을 말해요.

💬 사회복지사가 하는 일은 무엇일까요.

사회복지사는 다양한 분야에서 일을 하며 근무지의 성격에 따라 업무가 조금씩 다르다고 해요. 가장 대표적인 곳으로 사회복지시설, 복지관, 의료시설, 학교, 산업시설, 교정시설, 복지전담 공무원 등이 있어요.

조금씩 업무의 차이는 있겠지만 일반적으로 사회복지사의 업무는 크게 7가지 나눌 수 있어요.

첫 번째, 사회복지사는 도움이 필요한 사람들을 만나서 어떤 도움이 필요한지 파악하고 문제해결을 위한 자료 수집을 해요.

두 번째는 수집한 자료를 바탕으로 문제 분석을 한 후 대안을 제시하지요.

세 번째는 제시한 대안이 잘 이루어질 수 있도록 경제적, 법률적인 부분에 대한 상담도 해요.

네 번째는 다양한 사회 복지 프로그램을 기획하고 개발하여 운영하고 평가하는

우리 사회는 도움을 필요로 하는 사람이 많습니다.

일도 해요. 이 과정 중에서 자원봉사자들을 모집하고 운영 관리하는 일도 해요.

다섯 번째는 복지서비스를 위한 대상자를 선정하고 대상자들의 생활과 건강을 위한 지도를 담당하기도 해요.

여섯 번째는 다양한 복지서비스 수행에 대한 보고서 작성 및 다양한 복지 행정업무도 해야 해요.

마지막으로 사회복지 정책을 만드는 과정에 참여하여 대안을 제시하고 평가하는 일을 담당해요

✒️ 사회복지사를 하려면 무엇을 준비해야 할까요?

사회복지 관련학과로는 사회복지학과, 사회복지행정, 사회사업학, 아동복지학, 청소년학, 노인복지학 등이 있으며 대학원의 석사, 박사 과정도 개설되어 있

도움이 필요한 청소년을 도울 수 있습니다.

어요.

사회복지사로 일하기 위해서는 전공을 하는 것이 매우 유리하겠지만 비전공자들도 다양한 관련 기관과 평생교육원, 학점은행제를 통해 사회복지사가 될 수 있어요.

선별복지와 보편복지 중 무엇이 우리 사회에 필요할까요?

우리나라에서는 사회복지사 자격과정을 통하여 사회복지사를 양성하며 반드시 자격증이 있어야 해요. 사회복지사는 1급과 2급이 있으며 2급은 무시험이지만 1급은 국가자격시험에 합격해야 해요.

앞서 이야기했듯이 사회복지사는 매우 다양한 업무를 해요. 따라서 많은 능력이 요구되지만 무엇보다도 어려움에 처한 사람들을 도와주고 구체적으로 도울 방법을 연구하고 수행하는 일을 해야 하기 때문에 철저한 봉사정신과 사회복지사로서의 사명감이 꼭 필요합니다. 사람을 만나 하는 일이 많기 때문에 진정으로 상대방의 상황을 이해하고자 하는 소통의 마음을 가져야 하지요.

구체적인 복지서비스와 프로그램 등을 수행하면서 발생할 수 있는 돌발 상황에 유연하게 대처할 수 있는 위기대처 능력과 문제가 발생할 때 상대방을 잘 이해시킬 수 있는 설득력이 필요하기도 해요. 또한 새로운 복지서비스를 개발하고 제안하여 실제 현장에서 좋은 결과를 얻어 낼 수 있는 정책을 제안할 수 있는 창의력도 필요하지요.

사회복지사가 되고 싶다면 집 근처의 복지관이나 사회복지 시설에서 봉사활동을 하며 먼저 체험해 보는 것도 좋은 방법이에요. 사회복지사의 업무는 생각보다 고된 일이며 유망 직업지만 막연한 생각으로 시작하기에는 매우 큰 사명감과 책임감이 필요한 일이지요. 봉사를 통해 내가 하고 싶은 일이 무엇인지 그리고 할 수 있는지를 먼저 체험해 보길 바라요.

⭐ 사회복지사의 전망은 어떤가요?

OECD(경제협력개발기구) 국가와 비교해 보았을 때 우리나라의 복지수준은 아직 갈 길이 멀어요. 우리나라는 전쟁과 군사정권을 겪으면서 복지에 대한 생각이나 개념이 구호나 빈민구제정도로만 한정되어 다루어졌어요.

복지정책에 대한 생각은 정당이나 개개인에 따라 많이 다르지만 요즘 뜨겁게 논의되고 있는 단어는 '보편복지'와 '선별복지'에요. 소득에 상관없이 대한민국 국민이라면 똑같이 혜택을 입는 복지정책을 '보편복지', 빈민과 저소득층에게만 제공하자는 복지정책을 '선별복지'라고 해요.

이 두 정책에 대한 논의는 매우 첨예하게 대립하고 있어요. 두 정책에는 장점과 단점이 모두 있지만 '복지'에 대한 시각을 어디에 두느냐에 따라 정책은 달라지게 돼요. 여러분은 어떻게

사회복지사의 도움이 필요한 곳은 우리 사회 곳곳에 있습니다.

생각하시나요?

이 책에서는 어떤 정책이 더 옳은 정책인가를 알아보자는 것이 아니라 '선별복지'이든 '보편복지'이든 경제규모에 비해 복지에 대한 정책이 충분하지 않았던 우리나라의 복지정책에 대한 개선의 요구가 높아지고 있다는 것을 말하고자 해요.

한국 사회는 IMF 때 대량 실업을 겪으며 기본 복지에 대한 사회적 안전망이 없다는 것에 굉장한 위기감을 가지게 되었지요. 초고속 고령화 사회로 접어들고 있는 우리나라에서 노인 인구의 급속한 증가는 준비되지 않은 노후를 맞은 노령층의 자살, 우울증 등을 불러오게 되었어요. 이는 사회문제로 대두되었고 저출산으로 인한 아동수의 감소 또한 미래 한국 사회에 불안 요소로 작용하게 되었어요.

이러한 사회적 분위기에 맞물려 2017년 새로 출범한 정부는 복지정책에 많은 관심을 가지고 향후 복지공무원을 대폭 늘리는 계획을 세우고 있다고 해요.

앞으로 다가올 4차 산업의 시대는 로봇과 인공지능으로 대체되어 편리한 사회가 될 것이라는 장밋빛 전망과 반대로 대량 실업과 실직, 극심한 빈부격차를 우려하는 목소리도 있어요.

이러한 상황들은 사회 구성원 간의 합의에 의한 복지제도와 정책을 꾸준히 요구할 것이며 사회복지사들의 영역 또한 의료, 산업, 교육, 보호시설, 기업, 기관, 문화사업 등 다양하게 확대될 것으로 전망돼요.

저출산은 다양한 육아 복지정책으로 개선될 수 있어요.

방재 전문가

❓ 방재 전문가란 무엇일까요?

방재 전문가는 자연재해를 포함한 국가의 모든 재난이 일어나지 않도록 예방하고 예기치 않은 재난이 발생했을 때는 복구 계획을 세우고 정상화시키는 일을 하는 전문가를 말해요.

💡 방재란 무엇인가요?

방재^{防災}란, '재난을 막는다'라는 말이에요. 재난이란 태풍, 화산폭발, 지진, 쓰나미, 홍수 등의 자연재해와 화재, 붕괴, 가스 폭발, 선박 침몰, 자동차 사고, 전염병 등의 인재사고까지 포함한 재해를 말해요. 재해가 어느 규모 이상으로 커지고 피해의 규모가 국가적인 상황으로 돌입할 때 '재난'이라고 해요. 방재는 이러한 다양한 재난에 미리 대비하고, 일어난 경우에는 신속히 복구할 수 있는 다양한 계획과 방법을 강구하여 피해를 최소화하는 모든 행동을 말하지요.

인간의 힘으로 조절할 수 없는 자연재해는 미리 대비하고 피해를 최소화할 수 있도록 중점적으로 방재계획을 세워 막을 수 있어요. 또한 화

미리 대비하고 훈련하면 화재나 지진도 대비할 수 있어요.

재와 같은 인재人災는 얼마든지 안전계획을 잘 세우고 준비하면 막을 수 있는 재해입니다.

사회가 발전하고 다양해질수록 자연재해만큼이나 인재가 늘어가고 있어요. 이러한 인재는 국가적 손실을 가져올 뿐만이 아니라 국민들을 공포와 슬픔에 빠지게 해 정서적 공황상태를 만들 수 있기 때문에 국가 차원의 문제가 될 수도 있어요. 요즘 여기저기에서 흘러나오는 화재 사고는 부실시공, 불법개조 건물, 불성실한 소방안전점검. 비상구 부재, 소방차 진입도로 미확보 등 사람들의 안일한 안전불감증과 준비 부족에서 오는 경우가 많아요.

인재로 인한 재해와 메르스(2015)와 같은 국가적 재난사태가 다시는 일어나지 않도록 계획하고 준비하려면 전문적인 방재 전문가들의 인력양성과 함께 개개인의 안전의식도 높여가야 할 것이에요.

💬 방재 전문가는 무슨 일을 할까요?

방재 전문가의 가장 중요한 업무는 크게 4가지로 요약할 수가 있어요.

첫 번째, 방재 전문가는 다양한 재난에 대처하는 대응계획 수립과 '재난대응 행동 매뉴얼'을 작성해요.

재난이 발생하면 사람들은 매우 당황해서 어떻게 해야 할지 모르게 되지요. 이럴 때를 대비해서 행동요령을 차근차근 메뉴얼화하는 작업은 매우 중요한 일이에요. 해상에서 배가 침몰한다든지, 화재가 발생했거나 지진이 일어나는 경우 등 모든 재난 상황에 맞는 행동규정은 많은 사람들의 생명을 살릴 수 있는 지침서가 될 수 있지요. '지진안전대피요령', '화재대피요령' 등을 평소에 꼭 숙지해 둔다면 언제 닥칠지 모를 재난 상황에서 도움이 될 거예요.

두 번째는 재난 발생의 원인을 규명하고 분석하여 안전규칙이나 재난 상황에 대한 교육과 훈련을 실시하는 일을 하지요. 우리가 주변에서 볼 수 있는 국가적 안전대피훈련으로는 언제 발생할지 모르는 지진, 공습, 테러에 대비하여 하는 훈련인 한 달에 한 번씩 있는 '민방위 훈련'이 있어요.

세 번째는 재난이 없는 일상적인 시기에는

화재를 진압한 후 완전히 진압되었는지 둘러보고 있는 소방관들.

위기관리 계획을 세우고 안전 점검 등 예방활동을 하며 언제 일어날지 모르는 재난 상황에 대비하는 일을 해요.

마지막으로 재난이 발생했을 때는 이재민 돕기와 피해 상황 관리, 다시 원상태로 복구할 수

인구가 밀집한 도시에서의 재난 대책은 선택이 아니라 필수입니다.

있도록 지원하는 일을 한다고 해요.

✒ 방재 전문가를 하려면 무엇을 준비해야 할까요?

우리나라의 방재 전문가들은 대부분 정부와 정부산하 기관에서 근무하거나 공무원이 아닌 경우 전문 안전 컨설팅 업체 혹은 기업의 재난관리사로 일을 하는 경우가 많다고 해요.

관련 학과로서는 소방방재학, 소방행정학, 소방안전관리학, 안전공학, 응급구조학과 등이 있어요. 전공을 하면 유리하겠지만 민간협회나 관련 대학원을 통해 방재 안전 분야 전문가로 역량을 키울 수 있다고 해요.

방재 전문가는 재난과 안전에 대한 전문적인 지식이 요구되는 분야이니만큼 학부를 졸업하고 대학원에서 더 전문적인 공부를 하면 좋겠지요.

자격증은 민간자격증인 '방재안전관리사'와 국가자격증인 '기업재난관리사'

지진이 난 후 폐허가 된 마을.

가 있어요. 재난은 기후, 화재, 수재, 침몰, 지진, 해일, 화산폭발 심지어는 테러와 해킹까지 분야가 굉장히 넓어요. 그래서 방재 전문가는 다양한 분야에 대한 관심과 철두철미한 안전의식을 가지고 있어야 해요. 특히나 재난에 관련된 분야인만큼 재난으로부터 시민의 생명과 재산을 보호하고자 하는 투철한 사명감과 봉사 정신이 필요한 일이지요.

✩ 방재 전문가의 전망은 어떤가요?

2017년 '국립재난안전연구원'이 발표한 '위험목록보고서'에 따르면 대형 재난을 유발할 수 있는 우리나라의 변화 요인으로 '기온상승'과 '고령화'를 제일로 꼽았어요. 이 밖에도 강수 변동폭 증가, 건축물 내진설계 미비, 건축물 노후화, 초고층 건축물증가, 양극화 등을 꼽았어요.

지구의 기온상승은 태풍의 위력을 키우고 전염병의 전염성을 증가시키는 원인이 되며 인구의 고령화는 재난 발생 시 신속한 대피를 할 수 없는 한계 때문에 피해가 더 커질 것이며 홍수, 해일 등으로 인한 침수피해가 노후 건축물의 붕괴로 이어지는 2차 재난으로 이어질 수 있다고 전망하고 있어요.

최근 우리나라 역시 지진에서 자유롭지 못하다는 것이 밝혀지면서 그 심각성을 느끼게 된 정부는 2020년까지 재난관리 인재양성을 넓힐 계획이에요. 행정안전부는 대학에 '재난관리 전문대학원'의 설치를 추진하고 있으며 2018년 국가 자격제도로 '방재기사' 자격증도 신설할 계획이에요. 또한 '방재기사'의 상급 자격증인 '방재기술사'와 '재난관리사'의 도입도 검토 중이며 재난 안전 분야의 공무원도 일정 수준 늘릴 계획을 가지고 있다고 해요.

과학기술이 발달하고 인공지능과 빅데이터가 발달하면서 재난에 대한 예측도 한층 더 정밀해지고 있지요. 산불이나 소방차가 들어가기 힘든 곳에 드론을 띄워 방재작업을 하는 시험도 이루어지고 있지요.

이처럼 4차 산업의 발달로 인해 방재 분야 또한 스마트한 시대가 올 것으로 예상되면서 보다 안전하고 편리한 방재 시스템으로 도약하기를 기대해 보아요.

급변하는 사회와 환경변화에 의한 재난사고는 우리의 삶과 밀접한 관계를 맺고 있으며 항상 모든 곳에 도사리고 있지요. 시간이 흐를수록 재난의 규모가 굉장히 커지고 있어요. 또한 사물인터넷과 인공지능의 발달은 해킹이라는 새로운 형태의 재난 상황을 몰고 올지도 몰라요.

이처럼 다양한 이유로 방재 전문 인력의 필요성은 국가적인 차원에서 반드시 확보해야 할 미래 전문인력으로 그 위상 또한 계속 높아질 거라 전망되어요.

스마트팜 전문가

 스마트팜 전문가란 무엇일까요?

모든 생명은 먹지 않고는 살 수 없습니다. 그리고 우리 인간은 채소부터 고기까지 다양한 먹거리를 먹고 즐깁니다. 그런데 갈수록 인구는 줄어들고 있으며 많은 노동력을 필요로 하는 농어촌은 일손이 부족해 어려움을 겪고 있습니다.

여러분은 시골에 가면 할아버지 할머니가 농사 짓고 있는 모습을 보게 될 거예요. 그런데 그 어른들이 떠나면 우리가 먹을 식량은 어떻게 될까요? 먹지 않으면 살 수 없는 우리에게 대안은 어떤 것이 있을까요? 기계가 농사를 지어주게 될까요?

반은 맞고 반은 틀립니다. 그리고 이에 대한 새로운 직업으로 떠오르는 것이 바로 스마트팜 농업입니다. 이를 관리하는 스마트팜 전문가는 스마트팜을 기획 설계하고 농작물의 생육상태와 환경에 대한 정보를 수집, 분석하여 스마트팜 시스템을 구축 관리하는 전문가를 말해요.

스마트팜은 무엇인가요?

스마트팜이란, 농작물 재배시설에 정보통신 기술[ICT]과 사물인터넷[IoT: Internet of Things]기술을 접목하여 농업의 효율성과 생산성을 높일 수 있도록 설계된 농장시스템을 말해요. 이러한 스마트팜 시스템을 만들고 관리하는 전문 인력을 스마트팜 전문가라고 해요.

스마트팜은 농작물의 생육상태 및 환경 등을 원격제어할 수 있도록 설계되었기 때문에 재배자가 어느 공간에 있든 농장을 효율적으로 관리할 수 있어요.

또한 농작물의 발육상태, 토양상태, 온도, 습도, 햇볕량, 이산화탄소 등 식물재배에 필요한 모든 정보를 분석하여 실시간으로 재배자에게 제공하고 사물인터넷 기술을 통해 농작물의 생육상태에 따른 햇볕량 조절, 수분공급, 출하시기, 상품가치 등이 자동으로 관리될 수 있는 자동화 시스템을 구축해 노동력을 많이 투입하지 않고도 농장을 생산적으로 관리할 수 있는 장점이 있어요.

스마트팜 시스템이 이용되는 곳은 비닐하우스만이 아니에요. 축사와 원예시설, 노지재배(비닐하우스가 아닌 자연 공간에서 재배하는 것), 과수원 등 축산업

사전에 프로그램된 시간에 맞춰 농작물에 물을 공급하는 스마트팜 시스템.

과 원예시설을 비롯한 다양한 분야에서 시도되고 있어 앞으로 스마트팜에 거는 기대는 더욱 높아지게 될 거예요.

💬 스마트팜 전문가가 하는 일은 무엇일까요.

스마트팜 전문가는 농업 기술과 정보통신 기술, 사물인터넷 기술을 충분히 숙지하고 있어야 해요. 왜냐하면 스마트팜은 세 가지 기술의 융합에 의해 탄생된 시스템이기 때문이에요. 그래서 스마트팜 전문가는 가장 먼저 농업기술과 작물재배에 대한 공부가 필요해요. 아무리 훌륭한 시스템을 갖춘 스마트팜이라도 핵심은 농업기술이기 때문이지요.

두 번째는 작물의 생육환경에 맞는 최적 환경에 대한 정보를 수집, 분석하는 일을 해요. 이 과정이 제대로 이루어져야만 생육환경에 대한 다량의 정보수집이 가능하고 이 정보들을 바탕으로 작물의 빅테이터를 구축할 수 있으며 빅테이터의 분석정보를 바탕으로 생산적이고 효율적인 스마트팜 시스템을 만들 수 있기 때문이에요.

세 번째 스마트팜의 운영시스템은 사물인터넷 기술을 이용하기 때문에 컴퓨터 프로그래밍과 알고리즘을 만들 수 있어야 해요. 또한 원격제어와 자동화로 운영되기 때문에 시스템이 제대로 작동하지 않을 경우 문제점을 찾아내어 해결하는 일도 해야 하지요.

마지막으로 스마트팜 전문가는 스마트팜 시스템을 도입하려는 농가에 컨설팅을 해 주고 농가의 상황에 맞는 최적의 스마트팜을 구축할 수 있도록 예산과 경비, SNS를 이용한 홍보전략과 관리까지 다방면에 도움을 주는 일을 해요.

2017년 농촌진흥청에서 60명의 대졸 스마트팜 전문가를 채용했어요. 그 요건을 보면 '정보통신 기술^{ICT} 전공자, 통계 및 농업 관련 전공자 중 정보통신 기술^{ICT}을 복수 전공하거나 부전공한 사람, 관련 자격증 소지자 및 운전 가능자는 우대한다'라고 적혀 있어요. 이를 바탕으로 보면 스마트팜 전문가는 정보통신, 컴퓨터공학, 농업관련학과, 통계 등 관련학과를 전공하면 훨씬 유리하겠죠.

관련 학과로는 바이오시스템공학과, 농기계과, 컴퓨터공학과, 원예학과, 전자공학과, 농생물학과, 농업경영과 등이 있지요. 식물재배나 관리를 좋아하고 향후 농업에 대한 꿈이 있다면 스마트팜 전문가에 도전해 보세요. 인간에게 가장

수경으로 관리되는 딸기 농장. 더 이상 몸을 굽혀 딸기를 따거나 물을 주지 않습니다.

태블릿으로 물을 주거나 적정량의 빛을 주거나 차단하는 등 농장의 관리는 더더욱 편리해질 것입니다.

중요한 산업 중 하나인 농업이야말로 4차 산업혁명 시대에 가장 기대되는 분야이기 때문이지요.

⬠ 스마트팜 전문가의 전망은 어떤가요?

4차 산업혁명의 물결은 농업에도 영향을 미쳐 스마트팜이라는 시스템을 창조하게 되었어요. 스마트팜을 선두에서 이끌고 있는 대표적인 나라는 네델란드예요. 화훼 농가에 스마트팜을 도입해 생산성을 높이고 정부 주도로 스마트팜 기술을 개발 보급하여 농업발전에 힘쓰고 있지요.

스마트팜은 미래농업으로 세계적인 관심을 받으며 성장하고 있는데 우리나라

드론으로 물이나 농약을 살포하는 등 노동력이 기계로 대체되고 있습니다.

에서도 한국 농업의 발전과 세계적인 추세에 발맞추어 스마트팜에 대한 필요와 관심이 높아지고 있어요.

스마트팜 시설은 초기 비용이 많이 들기 때문에 대기업이나 정부 주도로 이루어지게 되는 경우가 많아요.

2014년 세종 시에서는 창조마을 시범사업장으로 스마트팜(지능형 비닐하우스 관리시스템)'을 100개 이상 설치했다고 해요. 또한 2015년 농림축산부는 스마트팜 확산대책을 마련하고 2016년부터 과수 분야에 대한 시설 보급을 위해 최대 2억원 내에서 지원한다는 계획을 마련했다고 해요. 농촌진흥청에서는 한국 실정에 맞는 표준화된 '차세대 한국형 스마트팜' 기술을 개발하여 핵심기술을 한국화하고 전문인력 양성과 스마트 영농기술 보급 등을 목표로 사업을 진행하고 있고요.

현재 한국농업은 극심한 노령화와 생산인구 감소, 농업 기피로 인해 많은 어려움을 겪고 있어요. 그래서 우리나라의 세계적인 정보통신 기술과 전통적인 농업국가로서의 경험을 접목시켜 스마트팜과 전문인력을 양성하는 데 노력을 기울이고 있지요. 한국 농업의 부흥을 다시 한 번 이끌어갈 견인차로서 스마트팜에 거는 기대를 볼 때 스마트팜을 구축하고 관리해야 할 스마트팜 전문가의 필요성은 더욱 많아질 거라 생각해요.

시간이 되면 물을 자동 공급하는 수경농장.

1차 산업이었던 농업이 정보통신기술의 발명품들과 만나면서 새로운 영역으로 재창조되고 발전하게 되는 것! 그것이 4차 산업혁명의 또 다른 매력이 아닐까요.

농촌의 인구 감소와 농업인구의 고령화로 인해 농업이 점점 쇠퇴해 가는 과정에서 스마트팜 시스템은 4차 산업혁명 시대에 새로운 농업의 대안이 될 수 있을 것으로 기대돼요.

특용작물 재배 전문가

특용작물 재배 전문가란 무엇일까요?

'특용작물 재배 전문가'는 식용으로 쓰이는 일반 농작물이 아닌 특수한 용도
목적으로 재배하는 농작물의 생산 전 과정을 관리하는 전문가를 말해요.

특용작물은 무엇인가요?

특용작물이란, 말 그대로 특수한 용도로 이용하기 위해 기르는 농작물을 말해
요. 특용작물은 일반 농작물과는 다른 환경적 특수성과 특별한 재배기술이 필요
한 경우가 많아 일정한 지역의 특산물로 알려지는 경우가 많다고 해요. 특용작
물은 용도에 따라 종류가 매우 다양하며 우리나라의 대표적인 특용작물 중 하나
로 '인삼'을 꼽을 수 있지요.

그렇다면 이렇게 다양한 특용작물의 종류는 무엇이 있는지 살펴볼까요?

목화.

인삼밭.

-섬유작물　섬유작물은 섬유를 얻기 위해 재배하는 작물을 말해요. 목화, 삼, 모시풀, 왕골, 닥나무, 수세미 등이 있지요.

-유료작물油料作物　유료작물에서 유油는 기름을 의미해요. 우리가 흔히 먹는 참기름이나 식용유 등의 원료가 되는 작물로서 참깨, 들깨, 유채, 땅콩, 아주까리, 해바라기, 올리브 등이 있어요.

-약료작물藥料作物　약료작물은 약재료로 쓰기 위해 재배하는 작물을 말해요. 약료작물에는 인삼, 양귀비, 당귀, 작약, 박하, 오미자, 익모초, 결명자, 감초, 사철쑥, 도라지, 맥문동, 구기자, 복분자 등 다양한 종류의 약료작물이 있어요.

-기호작물嗜好作物　기호작물은 주식으로 먹는 음식이 아닌 독특한 향이나 개인적인 취향으로 즐기는 식음료의 재료가 되는 작물을 말해요. 대표적인 기호작물로는 우리가 흔히 볼 수 있는 커피의 원료가 되는 커피콩, 차나무, 호프(맥주 원료), 담배, 카카오(초콜릿 원료) 등이 있어요.

-당료작물^{糖料作物} 당료작물의 당^糖은 사탕이란 뜻으로 단맛을 내는 설탕의 원료가 되는 작물을 말해요. 대표적인 당료작물은 사탕수수(설탕 원료), 단수수, 스테비아 등이 있어요.

-염료작물^{染料作物} 염료작물은 염료로 사용되는 작물을 말해요. 고유의

민트　　　알로에　　　타임　　　마늘

겨자　　　에키네시아　　　생강　　　카모마일

카렌듈라　　　레몬밤　　　셀런다인　　　라벤더

민들레　　　로즈마리　　　야로우　　　월귤

다양한 특용 작물들

색을 가지고 있어 작물의 색깔을 이용하여 염색하는데 이용이 되는 작물로 대표적인 작물로는 쪽, 치자나무, 울금, 잇꽃 등이 있어요

-수액작물^{樹液作物} 작물의 수액을 이용할 목적으로 재배하는 작물을 말해요. 대표적인 수액작물은 옥나무, 파라고무나무, 옻나무, 고로쇠나무 등이 있어요.

-향료작물^{香料作物} 향이 좋아 향수의 재료가 되는 작물을 말해요. 대표적인 작물로는 박하, 장미, 라일락, 라벤더, 자스민, 녹나무 등이 있어요.

-전분^{澱粉} 및 호류작물^{糊料作物} 전분은 녹말이 들어가 있는 작물로 고구마, 감자, 뚱딴지, 구약감자, 옥수수, 밀 등이 있어요.

-버섯류 양송이, 느타리, 영지, 만가닥버섯, 동충하초, 천마균류(뽕나무버섯류), 노루궁뎅이버섯, 복령, 표고버섯, 잎새버섯, 비늘버섯, 팽이버섯, 상황버

섯 등이 있어요.

💬 특용작물 재배 전문가가 하는 일은 무엇일까요?

특용작물 재배자는 재배하고자 하는 특용작물의 특성을 공부하고 적합한 기후와 토양을 선정한 후 씨앗을 구입하여 재배해요. 땅고르기, 씨앗뿌리기, 비료주기, 잡초제거 등 재배의 전 과정에 관여해 작물이 잘 자랄 수 있도록 정성을 쏟아야 해요.

농작지에 따라 기계가 필요한 곳은 직접 농기계를 사용하고 다룰 줄 알아야 하기 때문에 농기계 관리와 운전법을 배우기도 해요. 수확한 뒤에는 특용작물의 용도에 맞는 가공과 포장하는 일도 해요.

약용작물과 같은 경우에는 다양한 가공법이 있어 작물의 효과를 극대화시킬 수 있는 가공법을 연구하는 것도 특용작물 재배자가 해야 하는 일 중 하나입니다. 포장 과정까지 마치게 되면 구매자와 협의를 통해 가격조정과 유통방법에 대해 상의하고 시장에 출하해 매출을 올려요.

시장에 잘 알려지지 않은 특용작물이라면 개인적인 홍보나 마케팅 또한 작물 재배자가 해야 할 일이에요. 요즘은 sns나 블로그, 스마트폰의 농산물 플랫폼들이 생기기 시작하면서 다양한 방법으로 홍보하고 있다고 해요.

✒️ 특용작물 재배 전문가가 되려면 무엇을 준비해야 할까요?

특용작물은 그 성격과 용도에 따라 씨앗을 뿌리는 시기와 수확하는 시기가 다양하기 때문에 특용작물 재배자는 재배하고자 하는 특용작물에 대한 끊임없는 연구와 공부가 필수이지요. 외국에서 새롭게 들어온 작물이 사람들에게 많이 알려지지 않은 작물인 경우에는 수많은 시행착오를 거쳐 재배방법을 알아내고 수확을 하는 데까지 오랜 시간과 노력이 필요하기 때문에 끈기와 열정이 요구되는 일이에요.

특용작물 재배자가 되기 위해서 특별한 자격증이나 교육을 받을 필요는 없어요. 하지만 일반적인 작물과는 다른 환경적 기술적인 재배법이 필요한 분야이므로 기르고자 하는 작물을 비롯한 일반적인 농법과 농업 전반에 대한 지식은 반드시 필요합니다. 혹시 농업에 관심이 있고 4차 산업시대의 새로운 농업을 이끌어가고 싶은 꿈이 있다면 전문적인 농업계 고등학교나 특용작물학, 농업유통, 농업경제 등 농업관련 학과를 전공하면 매우 유리할 거예요.

농촌진흥청이나 농업기술센터 등에서도 높아진 귀농에 대한 관심으로 인해 농업인구 감소를 해소하기 위한 귀농프로그램과 농부학교 등을 운영하며 특용작물에 관심 있는 사람들을 적극적으로 교육시키는 일을 하고 있어요.

작물을 심고 기르고 수확하는 전 과정은 성실함과 인내심을 요구하는 일이에요. 그리고 혼자서 할 수도

작물의 생육 환경을 연구하는 연구원들.

없는 일이지요. 일손이 부족할 때는 많은 사람들과 협업을 해야 해요. 작물에 대한 지식과 성실함과 소통 능력은 농부로서 가져야 할 기본자세라고 할 수 있지요.

☆ 특용작물 재배 전문가의 전망은 어떤가요?

1차 산업혁명을 지나 4차 산업혁명의 시대에 이르면서 사회는 급변하고 있어요. 미래 산업이라고 하면 로봇과 인공지능을 떠올리게 될 거예요. 하지만 인간에게 가장 기본이 되는 식량자원과 농업은 아무리 시대가 변해도 없어져서는 안 되는 산업이지요.

우리나라는 산업화를 거치며 경제성장을 이루었지만 우루과이 라운드나 FTA 등을 통해 한국 농업은 대규모의 자본과 땅을 소유한 다국적 농업기업들에 밀려 점점 쇠퇴하게 되었어요. 하지만 다가오는 4차 산업 시대는 엄청난 미래 산업으로 농업 분야가 꼽히고 있어요. 스마트팜이나 정밀 농업이 등장하면서 노동집약적인 농업이 이제는 인공지능과 사물인터넷, 로봇의 노동력과 만나 신기술과 새로운 영농법 개발로 발전할 수 있는 기회가 많아졌어요. 그중에서도 특용작물은 침체된 한국 농업에 새로운 견인차가 될 만큼 국가적 차원에서도 관심을 가지고 있는 분야에요.

2016년 농림축산식품부는 1조 8000억 원 규모의 특용작물 시장을 2020년 3조원 규모로 키우겠다는 계획을 발표했어요. 한.중 FTA에 의해 값싼 농산물이 국내시장에 밀려들어 오고 건강과 웰빙에 대한 사람들의 관심이 높아짐에 따라 우리나라가 경쟁력을 가질 수 있는 약용작물과 버섯, 차 등 특용작물 육성을 지원하는 계획을 발표한 것입니다. 이렇듯 정부에서는 한국 농업의 미래를 특용작물을 통해 새로운 방향을 설정하고 있으며 세계적인 기술력을 보유하고 있는 한국의 ICT(정보통신) 기술과 농업을 접목하여 재배시설을 스마트화하고 새로운 영농 신기술을 연구하고 전문 인력양성에도 힘쓰고 있어요.

특용작물에 관심이 있다면 허브나 상추 등을 직접 키워보는 것은 어떨까요?

2009년 '농업·농촌 발전을 주도할 정예 농업 인력과 투철한 직업의식과 현장 중심의 지식·기술·경영능력 및 국제적인 안목을 두루 갖춘 미래 농업 CEO 양성'을 목적으로 하는 국립 한국농수산대학이 설립되었어요. 모든 기숙사와 학비가 무료이며 식량 작물, 특용작물, 버섯학, 과수학 등 미래 농업을 이끌어 갈 실무 농업경영자들을 양성하고 있어요.

아직은 가야 할 길이 멀지만 4차 산업의 발전은 오히려 한국 농업이 다시 한번 도약할 수 있는 기회를 줄 것이라고 생각해요. 세계적인 ICT(정보통신) 기술력과 뛰어난 영농기술을 바탕으로 새로운 한국 농업의 대안으로서 특용작물의 가치는 더욱 새롭게 성장할 것이며 전문 인력으로서 특용작물 재배 전문가의 위상 또한 높아질 것으로 전망돼요.

전 세계인들이 열광하는 신비의 약재인 '고려인삼'의 나라! 대한민국! 그 위상을 이어 갈 특용작물의 신화가 또다시 나와 주기를 기대해 봅니다.

노인 스포츠 지도사

❓ 노인 스포츠 지도사란 무엇일까요?

65세 이상 노인들의 정신적, 신체적 변화에 대한 지식과 이해를 바탕으로 자격 종목에 대하여 생활체육을 지도하는 전문가를 말해요.

💡 노인 스포츠란 무엇인가요?

'노인 스포츠'는 65세 이상 노인들의 신체적 강화와 정신적 활력을 되찾는 목적으로 알맞은 운동 강도를 고려하여 만든 다양한 종목의 스포츠를 말해요.

노인 인구 증가로 인한 노령화 현상은 전 세계 선진국들의 공통 사회문제입니다. 점점 가속화되고 있는 인구의 노령화 현상은 노동인구 감소, 노인 인구의 의료비 증가, 노인 의료비의 사회적 부담 증대, 세대간 갈등, 고독사 등 많은 사회문제의 원인이 되고 있어요. 그래서 오래전부터 미국, 유럽 선진국과 일본에서

100세 시대가 되면서 노인복지의 중요성은 커져만 가고 있습니다.

는 사회문제와 노인복지 해결 방법으로 생활체육과 노인 스포츠에 대해 많은 관심을 보여 왔어요. 그리고 나라 정책에 적극적으로 반영하여 생활체육과 노인 스포츠의 육성과 발전을 위해 힘써 오고 있지요.

대체적으로 노인 스포츠가 잘 발달되어 있는 나라는 생활체육이 매우 활성화 되어 있어요. 왜냐하면 생활체육을 즐기던 인구가 나이가 들면서 자연스럽게 노인 스포츠로 이어지는 경우가 대부분이기 때문이지요. 그렇다면 선진국들은 어떤 정책을 통해 노인 스포츠의 활성화에 노력하고 있을까요?

다양한 아이디어가 돋보이는 새롭고 흥미로운 노인 스포츠의 왕국 일본!

1970년대부터 노령화 사회에 진입한 일본은 세계적으로 노인 스포츠 복지가 잘 되어 있기로 유명해요. 일본 총무성은 2017년 기준 일본의 65세 이상 노인 인구를 전체 인구의 27%에 해당하는 약 3,400만여 명으로 추산해요. 이미 초고령화 사회에 진입한 일본은 증가하는 노령층의 요구에 부흥하여 다양한 정책과 프로그램을 운영하고 있어요. 일본은 기존의 스포츠를 노인들의 근력과 운동량에 맞는 형태로 변형시켜 새롭게 창조한 스포츠가 많으며 하이쿠(총 17자 5.7.5 음률의 일본 전통 짧은 정형시 짓기)와 같은 전통적인 놀이도 계속 발전시켜 가고 있다는 점에서 매우 주목할 만하지요.

나이는 숫자일 뿐! '시니어 올림픽'의 나라 미국!

일본만큼 노인 스포츠가 발달한 나라는 미국이에요. 1987년 시작된 시니어 올림픽은 50세 이상 노인들을 위한 세계에서 가장 큰 스포츠 대회예요. 현재 '전국 시니어올림픽'이 17회까지 개최되었으며 많은 관심과 참여 속에서 매년 성대하게 치러지고 있다고 해요.

노인 스포츠가 따로 있나요? 일상이 스포츠인 생활 체육 강국 독일!

독일은 1950년대부터 일찍이 '제2의 길', '황금계획', '트림캠페인' 같은 생활 체육 육성정책을 펼쳐 오고 있는 나라에요.

독일 생활체육의 중심인 스포츠클럽은 개인 종목뿐만 아니라 축구, 배구, 핸드볼 등과 같은 단체 운동과 파티, 하이킹, 여행 등 친목 프로그램을 운영함으로써 단순히 운동만 하는 곳이 아닌 지역사회 구성원 간의 소통과 교류의 장소가 되어 유대감을 향상시키고 갈등 조절의 창구 역할을 하면서 국민 화합의 밑바탕이 되고 있다고 해요.

💬 노인 스포츠 지도사가 하는 일은 무엇일까요?

노인 스포츠 지도사에게 가장 먼저 필요한 것은 노인들의 신체적, 정신적 변화를 이해하는 공부에요. 근력의 양과 신체능력이 현저히 떨어지게 되는 노인들만의 신체적 특수성을 이해하는 공부와 훈련은 노인 스포츠 지도사에게 반드시 필요한 공부라고 할 수 있어요.

또한 이 시기의 노인들은 감정 상태가 매우 불안정하여 과도한 고집으로 인한 분노나 우울감, 상실감에 사로잡힐 수 있기에 노인심리에 대한 이해와 지식도 매우 필요한 공부입니다. 또한 노인 스포츠의 종류는 다양하기 때문에 노인 스포츠 지도사들은 각각의 자격종목에 자격증을 가지고 있어야 해요.

노인 스포츠 지도사는 자격종목에서 요구하는 기술과 운동량, 운동에 쓰이는 근육의 활용 정도를 지도하는 어르신의 신체 상황에 맞도록 프로그램을 짜고 운

꾸준한 관리에는 운동도 들어가며 사회적 비용을 위해서도 국가차원에서 관리하는 것이 세계적 추세입니다.

영하는 일을 해요. 개인적으로 지도하는 경우도 있지만 단체 활동인 레크리에이션 프로그램을 실시하는 경우도 있기 때문에 단체 프로그램을 지도할 때에는 모두가 참여할 수 있고 흥미를 유발할 수 있는 프로그램을 진행해야 합니다.

✒️ 노인 스포츠 지도사를 하려면 무엇을 준비해야 할까요?

우리나라의 노인 스포츠 지도사는 2012년 개정된 국민체육 진흥법에 의해 2015년 새로 신설된 국가 공인자격증으로 '체육지도자'의 한 분야예요.

노인 스포츠 지도사로 활동하기 위해서는 전문적인 자격증을 취득해야 하며 체육 관련 전공을 하는 것이 유리해요. 노인 스포츠 지도사의 실기 자격 종목은 탁구, 당구, 게이트볼, 태권도, 댄스스포츠, 육상, 볼링, 라켓볼, 승마, 등산, 육상, 자전거 등 총 55개라고 해요.

관심은 있지만 나는 운동을 잘 못하는 데 어쩌지? 하고 생각하는 친구가 있나요? 그렇다면 실망하지 마세요. 노인 스포츠 지도사 실기 자격 종목에는 레크리에이션과 오리엔티어링도 포함되어 있거든요. 운동 종목 이외에 운동에 자신이 없는 사람을 위한 종목으로 레크리에이션 진행과 게임 기술을 평가한다고 해요.

노인 스포츠 지도사는 대부분 경로당이나 노인복지기관, 노인대학, 노인요양원, 평생교육원등에서 활동하는 경우가 많다고 해요. 그러다 보니 개인 프로그램보다 단체 프로그램이 운영되는 경우가 더 많기 때문에 레크리에이션의 활용도가 매우 높은 편이라고 해요. 평소에 마술이나 게임, 개그를 잘 하는 친구라면 이러한 레크리에이션 프로그램에 활용해서 자격증에 도전해 보는 것도 좋을 거 같아요.

만약 지금, 노인 스포츠 지도사에 관심이 있다면, 집 근처의 경로당이나 노인 복지시설에 봉사활동을 나가보는 건 어떨까요? 마술, 웃음치료, 레크리에이션, 민요, 댄스 등 할아버지, 할머니와 잘 어우러질 수 있는 다양한 프로그램을 친구들과 준비해 보세요.

무엇보다도 노인 스포츠 지도사에게 가장 중요한 것은 노인을 이해하려는 마음과 세대와 상관없이 사람들과 잘 어울리고자 하는 소통의 마음자세입니다. 왜냐하면 노인 스포츠의 목적은 단순히 운동을 하여 근력을 강화시키는 데에만 있는 것이 아니라 스포츠라는 매개체를 통해서 서로 소통하고 교류하며 노년의 고독과 우울에서 벗어나 정서적 안정감과 즐거움을 찾을 수 있도록 도움을 주는 데에 더 큰 역할이 있기 때문이지요.

✩ 노인 스포츠 지도사의 전망은 어떤가요?

2000년에 이미 노령화 사회로 접어든 우리나라는 2040년이 되면 초고령화 사회가 되어 인구 5명 중에 한 명은 노인이 될 거라는 예측이 나오고 있어요. 과학과 의료기술의 발달로 인간의 평균수명은 100세를 향해 달려가고 있으며 늘어난 수명만큼 건강한 삶에 대한 사람들의 열망 또한 증가하고 있습니다.

이러한 이유로 행복한 노년기를 위한 다양한 여가 활용과 스

노인스포츠 지도사에게 체계적인 지도를 받아요.

포츠 활동에 대한 사회적인 요구가 증가하고 있지요. 하지만 아직까지 우리나라의 노인 스포츠에 대한 관심은 시작 단계이고 전문 자격증이 도입된 지도 얼마 안 되었으며 전문적인 시설 또한 부족한 실정이지요. 그럼에도 우리나라의 노인 스포츠에 대한 기대는 상당히 높은 편으로 그 발전 가능성과 관심은 점점 상승할 것으로 보여져요. 또한 그 전망과 미래는 우리보다 앞서 노령화 사회를 맞았던 일본과 미국을 통해서 잠시 엿볼 수 있어요.

두 나라는 젊은 시절에 즐기던 스포츠를 다시 즐기고 싶은 욕구와 다양한 스포츠 활동에 대한 열정, 상대적으로 좋아진 체력을 가진 젊은 노년층들의 등장이 시작되면서 더 다양하고 성취감을 느낄 수 있는 강도 높은 프로그램들이 개발되고 있어요. 따라서 우리나라 역시 체계적인 프로그램과 전문적인 지도사를 요구하게 될 것으로 예상되며 그렇기 때문에 노인 스포츠 분야는 계속 발전해 갈 유망 직종으로 전망되고 있어요.

노년기 건강을 위한 근력운동과 스트레칭은 선택이 아닌 필수입니다.

자동차 튜닝 엔지니어

❓ 자동차 튜닝 엔지니어란 무엇일까요?

자동차 튜닝 엔지니어는 법이 정한 안전기준을 넘지 않는 선에서 자동차를 꾸미고 개조해 주는 일을 하는 기술자를 말해요.

💡 자동차 튜닝은 무엇인가요?

자동차 튜닝이란, 합법적인 기준 안에서 자동차를 사용자의 취향에 맞게 꾸미고 개조하는 일을 말해요. 자동차를 개조하는 일은 기술적으로 매우 전문적인 과정이며 반드시 법으로 정한 안전기준 안에서 이루어져야 해요.

자동차 튜닝의 종류는 크게 드레스업 튜닝, 빌드업 튜닝, 튠업 튜닝 3가지로 나눌 수가 있어요.

드레스업 튜닝은 자동차의 내, 외관을 취향에 맞게 예쁘게 꾸미거나 부착물을 장착하는 것을 말해요. 일반적으로 튜닝한 자동차를 떠올리면 돼요. 예를 들면, 자동차 색상을 바꾸거나 블랙박스, 네비게이션, 오디오 및 스피커 장착, 선루프, 후방카메라 장착 등이 드레스업 튜닝에 들어가요. 별도의 승인이나 심사가 필요하지 않다고 해요.

이 밖에도 안개등, 범퍼, 썬바이저, 타이어체인. 에어스포일러(가속 시 차가 뜨지 않게 해주는 장치) 등 승인이 필요 없는 드레스업 튜닝은 매우 많아요.

빌드업 튜닝은 일반 승합차나, 화물차에 해당하는 튜닝으로, 사용자의 용도에 맞게 적재함(물건을 싣는 곳)이나 승차 장치(사람이 타는 곳)의 구조를 변경하거나 개조하는 튜닝을 말해요.

빌드업 튜닝은 자동차의 구조가 변경되는 작업이기 때문에 반드시 교통안전 공단에서 사전 승인을 받아야 하며 승인 후 튜닝을 한 뒤에도 꼭 사전 승인한 대로 튜닝했는지 재심사를 받아야 한다고 해요.

어린이 운송용 승합차, 이동 도서관차, 휠체어 리프트차. 소방차, 특수 구급차, 탱크로리(액체 물질을 운반하는 차),

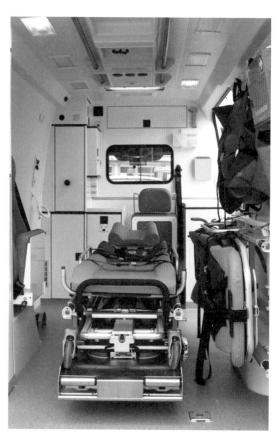

빌드업 튜닝을 받은 구급차.

탑차(박스 모양의 화물칸이 있는 차), 살수차. 카케리어 트럭(자동차 운반) 등과 같은 차들이 이에 속해요.

마지막으로 튠업 튜닝이 있어요. 드레스업 튜닝이나 빌드업 튜닝이 자동차의 외관을 꾸민다던가 모양을 변경하는 것이라면 튠업 튜닝은 자동차의 내부의 성능을 향상시키는 작업이라고 생각하면 돼요. 예를 들어 자동차의 심장이라 할 수 있는 엔진과 엔진에서 나오는 힘을 바퀴에 전달하는 동력전달장치에 속하는 클러치, 변속기, 차동 기어 장치 등과 자동차의 방향을 바꾸어 주는 조향 장치, 브레이크, 자동차의 충격을 줄여 주는 서스펜션 등이 해당돼요.

빌드업 튜닝처럼 사전 승인은 필요 없으나 튜닝 후 교통안전공단에서 자동차 안전기준에 맞는지 적합 여부를 확인받으면 된다고 해요.

튠업 튜닝은 자동차의 성능을 확실히 높여 줄 수 있는 튜닝이지만 불법적으로

화물차도 용도에 맞도록 안전기준에 맞춰 빌드업 튜닝을 합니다.

이루어지거나 비전문가에 의해 실행된다면 오히려 자동차의 성능을 저하시키거나 안전상의 문제가 크게 발생할 수 있기 때문에 전문가에 의해 합법적으로 신중히 실행되어야 하는 작업이에요.

💬 자동차 튜닝 엔지니어가 하는 일은 무엇일까요.

자동차 튜닝은 매우 전문적인 기술을 필요로 하며 합법적인 범위에서 이루어지는 일이에요. 그렇기 때문에 자동차 튜닝 엔지니어는 자동차에 대한 전문적인 지식과 기술을 가지고 있어야 하며 자동차 안전기준에 대해서도 잘 알고 있어야 해요.

자동차 튜닝 엔지니어는 의뢰인에게 정확한 튜닝의 목적과 사용 용도, 취향에 대해 듣고 그 목적에 맞는 튜닝 계획을 세우는 일부터 시작해요. 튜닝은 금전적인 부담이 클 수 있기 때문에 합리적인 개조비용을 의뢰인과 상의하는 일도 해요.

계획과 개조비용이 결정되면 앞에서 말한 드레스업, 튠업, 빌드업 튜닝 등 목적과 용도에 맞는 개조를 시작해요. 튜닝이 끝난 후에는 자동차가 잘 운행되는지를 테스트하는 일도 해요.

✒️ 자동차 튜닝 엔지니어가 되려면 무엇을 준비해야 할까요?

우리나라에 자동차 튜닝과 관련 하여 개설된 전문대학으로는 아주 자동차 대학 자동차 모터 스포츠학과가 있어요. 4년제 대학으로는 처음으로 경기대학교에서 2018년에 자동차 튜닝공학과를 신설 했어요.

자동차 튜닝의 분야는 외관부터 내부까지 아주 넓습니다.

우리나라에는 튜닝 분야의 국가자격증은 없지만 2017년 산업 분류에 '자동차 튜닝업'과 직업군 '자동차 튜닝원'이 새롭게 신설되면서 '자동차 튜닝사 자격검정 1. 2급'이라는 관련 민간 자격증도 생겼어요.

아직은 시작 단계이지만 자동차 튜닝 분야는 전문 분야로써 자리를 구축해 가고 있기 때문에 관심 있는 친구라면 끊임없는 열정을 가지고 도전해 보세요. 여러분이 어른이 되어 있을 때 즈음에는 튜닝 시장이 많이 발전해 있을 거라 생각해요.

아직은 학생이기 때문에 운전을 하거나 차를 직접 분해해 볼 기회는 현실적으로 불가능하기 때문에 관련 책을 많이 읽는 것부터 시작해야 할 거예요. 기회가 된다면 관련 학과 설명회나 자동차 정비 관련 체험을 가보는 것도 도움이 될 거예요. 물론 자동차에 대한 관심과 열정은 기본 장착이겠지요.

경기를 위해 튜닝 받은 자동차의 모습.

☆ 자동차 튜닝 엔지니어의 전망은 어떤가요?

우리나라의 자동차 튜닝 시장은 세계 튜닝 시장을 선도하고 있는 미국이나 독일, 일본에 비해서 많이 활성화 되지는 않았어요. 그동안 자동차 튜닝은 불법으로 여겨졌고 튜닝차에 대한 많은 규제와 전문 인력의 부재 등도 자동차 튜닝업의 발전에 걸림돌이 되어 왔어요.

하지만 정부는 2014년부터 '신직업 발굴·육성 추진방안'을 마련하고 외국에 비해 우리나라의 직업 수가 많이 부족한 발전 가능한 직업을 발굴하여 왔어요. 그 결과 2016년 신산업 관련 직종으로 자동차 튜닝 엔지니어가 선정되었어요.

국토 교통부의 신사업 발굴육성 방안에 따르면 '직업 세계 변화에 대한 대비,

일자리 창출을 지원하기 위하여 새로운 직업이 시장에서 성공적으로 정착·확산 될 수 있도록 육성·지원하는 것이다'라고 명시되어 있어요.

이러한 것을 보면 이제 우리나라도 자동차 튜닝 시장에 대한 기대와 인식의 변화가 시작된 것을 알 수 있어요.

세계 튜닝 시장은 현재 100조 원입니다. 그리고 우리나라는 이제 시작 단계입니다.

2012년 국내 튜닝 산업은 약 5000억 원으로 추정되는데 전 세계 튜닝시장이 약 100조 원인 것에 비하면 아주 미미한 편이죠. 그렇기 때문에 그 발전 가능성이 무궁무진하다고 볼 수 있어요.

우리나라도 2020년까지 튜닝 시장의 규모를 4조원대로 늘릴 계획을 가지고 있다고 해요. 그 일환으로 정부뿐만이 아니라 민간 협회와 대학들이 MOU를 맺고 관련 학과를 개설하거나 자격증제도를 신설하는 등 튜닝 산업을 발전시키려 노력하고 있어요.

이러한 정부, 민간, 학교의 노력을 보면 상대적으로 미발굴지였던 튜닝 시장은 새로운 미래 동력산업으로 그 전망이 밝다고 할 수 있지요.

chapter
3

IT 전문가

드론 조종사

카메라를 장착한 드론.

❓ 드론 조종사란 무엇일까요?

드론은 마치 윙…… 하고 내는 수벌의 날개 소리 같다고 해서 붙여진 이름으로, 사람이 타지 않고 무선으로 원격 조종하거나 프로그래밍되어 있는 대로 자율비행해 작업을 수행하는 무인기를 말해요. 그리고 이렇게 다양하게 활용되는 드론을 무선으로 조종하는 사람을 '드론 조종사'라고 해요.

💡 드론은 무엇이며 드론 조종사가 하는 일은 무엇일까요?

혹시 2018년 평창 동계올림픽에서 드론으로 만든 스케이트보드를 타는 사람과 오륜기를 보았나요? 그건 한 사람이 원격조정하는 1218대의 드론으로 만들었다고 해요. 또 미국 아마존에서는 드론으로 물건을 배달하기 시작했다고 합니다.

아마존은 이미 드론으로 택배 배달을 시작했어요.

드론은 무인기를 가리키는 별명과도 같은 것이지만 우리에게는 무인기라는 말보다는 드론이라는 말이 더 친숙하게 느껴지죠.

처음 드론을 사용한 곳은 군대였어요. 공군기나 고사포, 미사일의 사격 연습에 표적으로 쓰였던 드론이 무선 기술이 발달하면서 적군 깊숙한 곳까지 침투하여 정찰하는 정찰용 드론으로 발전했다고 해요.

이렇게 군용으로 쓰이던 드론이 점차 일반인들과 우리 생활에 이용되면서 배송을 한다든지 넓은 지역에서 사람의 힘만으로는 하기 힘든 농약을 단시간에 살포한다든지, 산불을 끈다든지 하는 일을 하고 있어요.

그밖에도 드론이 활용되는 곳은 많아요. 텔레비전을 보면 높은 곳에서 멋지게 아래를 촬영하거나, 기상관측을 하거나. 사람이 들어가기 힘든 해저나 화산, 혹은 배수관 같은 곳에 들어가 작업하기도 해요.

여러분은 머지 않은 미래에 베란다 창문으로 피자나 치킨을 받게 될지도 몰라요. 귀여운 드론이 배달을 시작한다니 생각만 해도 너무 신기하네요!

💬 드론 조종사가 되려면 무엇을 준비해야 할까요?

지금부터 드론 조종사가 하는 일이 무엇인지 알아볼까요? 먼저, 드론 조종사는 드론을 안정적으로 운행할 수 있도록 무선조종을 해요. 그러려면 정확한 조종기술을 익히는 건 필수겠지요? 드론은 일정한 높이에서 날아다니기 때문에 정확한 조종기술을 연마하지 못하면 작업을 수행할 수 없게 됩니다. 혹시라도 조종기술이 부족하면 떨어져 사고가 나거나 사람을 다치게 할 수도 있으니 숙련된 조종기술이 필요해요.

둘째, 드론은 크기에 따라 다르지만 조립하는 경우가 많기 때문에 드론 기체에 대한 지식이 있어야 해요.

셋째, 무선으로 조종하는 경우도 있으나 미리 설정된 경로로 자동 운행도 하기 때문에 프로그래밍에 대한 지식도 있어야 해요. 무엇보다 드론은 하늘을 나는 비행체이기 때문에 비행기 조종사들처럼 비행에 대한 지식과 항공법, 기상에 대한 이해, 안전규제에 대한 지식을 갖추어야 해요.

가끔 공원이나 운동장에서 드론을 날리는 사람들을 볼 수 있지요, 하지만 아직 우리나라에서 드론을 자유롭게 띄울 수는 없어요. 불을 끈다든

드론 조종사 한 명이 정교한 프로그램을 이용해 수천 대의 드론을 조종할 수도 있습니다.

하늘을 날고 있는 드론.

지, 농약을 살포한다든지의 목적을 가지고 전문 자격증을 가진 드론 조종사가 조종하는 신고된 상용 드론 이외에는 지정된 장소에서 날려야 하고 일정한 높이 이상으로 비행할 수가 없어요. 왜냐하면 안전과 보안문제 때문에 여러 가지 규제가 많기 때문이죠.

우리나라에는 항공법이 있어 연료를 제외한 12킬로그램이 넘는 드론은 관할 지방항공청에 신고하고 교통안전공단으로부터 안전성 인증을 받아야 해요. 12킬로그램이 넘는 드론을 조종하여 사업을 하려는 사람은 반드시 '초경량비행장치' 자격증을 따야 하지요. 전문적인 드론 조종사가 되려면 반드시 필요한 자격증이니 관심이 있다면 도전해 보세요.

12킬로그램 이하의 드론은 자격증을 필요로 하지 않아요. 또한 신고 및 안전성 인증을 받을 필요는 없어요. 하지만 안전을 위해서 안전수칙을 꼭 숙지하고 준수해야 해요.

✪ 드론 조종사 전망은 어떤가요?

앞으로 드론은 많은 부분에서 활용되고 우리 생활을 편리하게 해 줄 거예요. 반면 안전사고나 사생활 피해와 같은 부작용이 발생할 수도 있어요. 그만큼 드론 조종사에게는 책임감도 많이 따르겠지요.

드론 조종사를 꿈꾸는 친구들에게는 드론 조종법을 잘 익히는 것뿐만이 아니라 많은 사람들의 안전과 공익을 위하는 마음 자세도 꼭 필요한 것 같아요. 드론을 어떻게 사용할 것인가에 대해서는 앞으로 많은 논의가 필요할 거예요. 하지만 드론을 안전하고 편리하게 사용하기 위해서 노력하다 보면 드론 조종사로서 꿈도 커가겠지요.

드론을 이용한 촬영은 이처럼 멋진 풍경을 보여 줄 수 있으며 많은 것을 가능하게 합니다.

안드로이드 로봇 공학자

❓ 안드로이드 로봇 공학자는 무엇일까요?

여러분은 아마도 영화나 만화 같은 곳에서 사람을 닮은 로봇을 본 적이 있을 거예요. 우리가 흔히 보는 자동차나 컴퓨터와 같은 모습이 아닌 사람과 비슷한 팔, 다리를 가졌거나 사람을 떠올리게 하는 모습으로 여러 가지 일을 하는 로봇 말이에요. 이러한 로봇을 '휴머노이드'라고 해요.

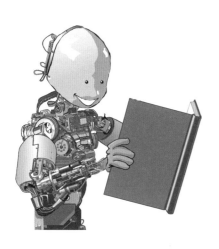

휴머노이드 로봇에는 여러 가지 종류가 있는데 그중에서도 사람과 거의 똑같은 모습으로 말하고 행동하도록 프로그래밍되어 있는 로봇을 안드로이드 로봇이라고 해요. 넓게 생각하자면 안드로이드 로봇은 결국 휴머노이드 로봇 중 하나인 것이지요.

이런 안드로이드 로봇을 만드는 사람들을

'안드로이드 로봇 공학자'라고 해요.

💡 안드로이드 로봇 공학자는 무슨 일을 할까요?

안드로이드 로봇 공학자는 하는 일이 매우 많아요. 먼저, 만들려고 하는 안드로이드 로봇이 어떤 일에 필요할까 그리고 어떻게 쓰이면 좋을까를 생각해요.

설계가 끝나면 사람처럼 움직일 수 있고 사람들이 원하는 목적에 맞게 일을 수행할 수 있도록 프로그래밍을 해요.

계속해서 프로그래밍된 안드로이드 로봇이 제대로 작동하는 지 시험을 해요.

이 밖에도 안드로이드 로봇 공학자가 하는 일은 매우 많아요. 로봇은 한 사람의 힘으로만 만들어지는 게 아니라 많은 기술자와 전문가들이 함께 힘을 합쳐 만들어요. 현재 안드로이드 로봇은 사람과 같은 표정, 행동 심지어는 사람과 대화하고 감정을 나눌 수 있는 단계까지 진화했어요. 그래서 또다른 형태의 로봇을 만드는 로봇 공학자와는 다르게 안드로이드 로봇 공학자는 기술과 프로그래밍 능력뿐만 아니라 인체와 사람의 감성, 심리에

안드로이드 로봇.

대한 이해도 매우 필요해요.

어쩌면 미래에는 사람과 구분할 수 없을 정도로 똑같은 안드로이드 로봇이 거리를 지나가며 우리에게 인사할지도 몰라요.

로봇공학자가 되려면 무엇을 준비해야 할까요?

무엇보다도 로봇을 만드는 일은 여러 가지 기술이 필요하기 때문에 다양한 분야의 사람들과 함께 일을 해야 해요. 각 분야의 전문가들은 서로의 의견을 잘 조율하며 인간에 보다 가까운 안드로이드를 만들기 위해 노력한답니다.

인조인간을 창조하는 것과 같은 안드로이드 로봇은 하루아침에 만들 수 있는 일이 아니에요. 그래서 수많은 노력과 인내심이 필요한 일이니 만큼 긍정적이고 여유로운 마음을 가지고 도전을 포기하지 않는 자세가 필요해요.

안드로이드 로봇 공학자가 되기 위해서는 인간에 대한 이해가 전제되는 인문학부터 공학의 기본이 되는 수학과 과학을 필수적으로 공부해야 해요.

또한 안드로이드 로봇은 사람에 가깝게 만들려는 목표가 있기 때문에 음악, 미술, 심리, 역사 심지어는 인체디자인이나 행동분석 등 사람의 모든 것에 대한 다양한 지식을 쌓는 것도

스타워즈에서 구현된 휴머노이드 로봇과 안드로이드 로봇

중요해요.

대체적으로 안드로이드 로봇 공학자들은 기계 공학이나 메카트로닉스 공학, 전기 공학, 전자 공학, 컴퓨터 공학, 인공지능 등을 전공한 분들이 많아요.

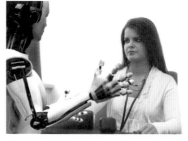
인간과 대화하는 안드로이드가 가능할까요?

앞으로 안드로이드 로봇은 회사, 의료, 보안, 군대, 서비스, 가정 등 우리 생활에 매우 다양하고 유용하게 이용될 거예요.

⭐ 로봇공학자 전망은 어떤가요?

안드로이드 로봇을 만드는 기술을 가지고 다른 분야로 진출할 수도 있어요. 로봇을 만드는 기술은 모든 전자제품을 비롯한 공학적인 기술의 집합체이기 때문이에요. 그래서 미래사회에서는 전망이 매우 밝은 분야입니다. 4차 산업혁명을 이끌어 갈 핵심 기술로 평가되는 로봇은 가장 뜨거운 관심을 받는 분야로서 향후 국가 발전과도 연결될 만큼 그 중요도가 매우 높습니다. 전 세계적으로 로봇기술은 미국, 일본, 유럽을 중심으로 매년 엄청난 성장을 거듭하고 있으며 이미 시판되고 있는 상당한 수준의 로봇 또한 많은 게 사실이지요. 2018년 발표한 보스턴 다이내믹스사의 2족 보행 안드로이드 로봇인 '아틀라스'가 공중제비를 도는 모습은 충격에 가까울 만큼 인간의 움직임 이상이었습니다.

이렇듯 앞으로 로봇이 우리의 삶과 하나가 될 날이 이미 와 있는 건 아닌지 의심스러울 정도로 로봇 기술에 대한 기대와 전망은 매우 높습니다. 그 전망만큼이나 안드로이드 로봇 공학자들의 미래는 무궁무진하겠지요.

3D 프린팅 운영 전문가

❓ 3D 프린팅 운영 전문가란 무엇일까요?

3D 프린팅 운영 전문가란, 만들고 싶은 제품의 3D 모델링을 바탕으로 입체적인 제품을 만들기 위한 3D 프린팅에 필요한 전 과정의 운영작업을 전문적으로 수행하는 사람을 말해요.

💡 3D 프린팅은 무엇인가요?

3D 프린팅은 3D 프린터를 이용해 만들어야 할 제품에 대한 설계 정보를 담은 3D 도면을 입체적으로 만드는 과정을 말해요.

3D 프린터의 역사는 생각보다 오래된 편이죠. 요즘 대중적으로 손쉽게 사용하는 3D 프린터의 기술은 FMD^{Fused Deposition Modeling} 방식 모델이에요. 스콧 크럼프^{Scott Crump}가 1989년에 특허 출원하고 1991년 스트라타시스^{Stratasys}사를 설

립해 최초로 상용화가
되었다고 해요.

3D 프린팅 방식은 크
게 2가지로 나눌 수가
있는데 절삭형과 적층
형이에요. 절삭형은 쉽
게 말해 재료를 잘라내
는 방법으로 제품을 만

3D 프린터기.

드는 거예요. 예를 들면 나무를 조각해서 예쁜 모양을 만들어 내는 것과 같은 원
리입니다. 이 기술은 사실 산업현장에서 이미 오래전부터 쓰고 있는 5축 가공기
인 CNC^Computer Numerical Control와 유사하여 CNC의 종류로 분류하기도 해요.

적층형은 여러 가지 재료를 층층이 쌓아서 굳혀 만드는 방식이에요. 일반적으
로 3D 프린터라고 할 때 적층형 방식을 떠올리면 돼요. 그리고 접착체, 열, 레이
저, 광에너지 등 재료를 굳히는 데 사용되는 여러 가지 방법에 의해 다양한 종류
의 방식이 있어요.

앞에서 말한 FMD 방식은 적층형 방식 중 하나입니다. 플라스틱과 같은 재질
을 녹여 노즐에 분사한 다음 지지대 위에 원하는 모양으로 층층이 쌓아 굳혀가
면서 입체적으로 제품을 만드는 형식이랍니다.

FMD 방식의 개발로 전문적이고 고가였던 3D 프린터가 대중과 친숙하게 되
었어요. 그 이유 중의 하나는 바로 특허의 공개였어요. FMD 방식의 특허는 다
른 3D 프린팅 기술들에 비해 일찍 대중에게 공개되었다고 해요. 덕분에 3D 프
린터의 가격이 저렴해지면서 비교적 간단하고 쉬운 기술은 3D 프린터의 대중

화에 기여한 것이죠.

이 후 지금까지 3D 프린터는 고성능 전문가용부터 쉽게 사용할 수 있는 교육용까지 다양한 요구에 맞게 발전하고 있어요. 또한 3D 프린터에 대한 사람들의 기대가 다양해짐에 따라 플라스틱, 액상 광경화성 수지, 분말, 종이, 금속, 나무 등 3D 프린터에 활용되는 재료의 범위가 점점 더 넓어지고 있어요. 여기에 기술의 발전이 더해지면서 매우 기대되는 4차 산업혁명의 핵심기술이 될 것으로 예상되고 있습니다.

💬 3D 프린트 운영 전문가가 하는 일은 무엇일까요?

3D 프린트 운영 전문가가 하는 일은 매우 많지만 그중에서도 다음 3가지로 요약할 수 있어요.

첫째, 제품을 설계하는 3D 모델링 과정이 있어요. 전문가라면 원하는 입체 모양을 얻기 위해서는 설계과정부터 꼼꼼히 살펴야 해요. 이 과정은 3D CAD(캐드)라고 불리는 전문 소프트웨어나 3D 스캐너, 3D CG 소프트웨어 등을 사용하여 설계해요. 건물로 말하자면 도면을 설계하는 것과 마찬가지에요. 도면에 의해 집이 지어지듯 3D 프린팅 또한 잘 설계된 3D모델링 도면이 있어야 해요. 요즘은 설계도면을 유,무료도 다운로드 받는 사이트가 있어서 모델링 과정을 보다 손쉽게 할 수 있습니다.

두 번째는 아무리 훌륭한 도면이라 할지라도 3D 프린터에 도면의 내용을 입력하지 않으면 무용지물이겠지요. 이것을 프린팅 과정이라고 해요. 3D 프린터는 사람처럼 설계도면을 직접 읽지 못하기 때문에 3D 프린터 또한 컴퓨터와

적층형 3D 프린터가 만들고 있는 다양한 물건들.

마찬가지로 프린터의 언어로 코딩을 해 주어야 해요. 우리는 이 과정을 코딩이라고 해요. 이때 입력하는 데이터는 출력속도, 좌표 값, 온도 등으로, 다양한 모델링 정보를 적절하게 프린팅에 필요한 데이터로 변환하여 입력시켜 줘요.

셋째는 후처리라고 부르는 피니싱 작업이에요. 앞에서 언급한 FMD 방식의 적층형 프린터인 경우는 층층이 쌓아서 굳혀 만들다 보니 이음새의 처리가 완벽하지 않은 경우가 있어요. 또한 프린팅된 제품들은 모양만 출력된 경우가 대부분이라서 여기에 색을 칠하고 코팅하거나 조립, 사포가공 등을 통해 좀 더 사실적인 모습을 표현하는 작업이지요.

지금까지 말한 3가지 작업이 3D 프린팅 운영 전문가가 하는 가장 핵심적으로 하는 일이에요.

🖋 3D 프린트 운영 전문가가 되려면 무엇을 준비해야 할까요?

3D 프린팅 운영 전문가가 하는 대부분의 일들은 컴퓨터와 연관되어 있어요.

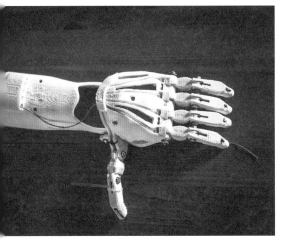
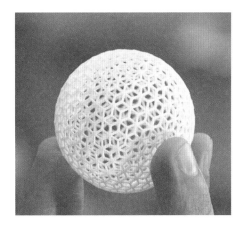

3D 프린터가 만든 다양한 물건들.

모델링이나 프린팅 작업을 위해서는

3D CAD, 3D 스케너, 3D CG 디자인, 코딩 등 컴퓨터를 활용한 지식과 컴퓨터 설계나 그래픽에 해당하는 소프트웨어를 잘 다룰 줄 아는 게 필수예요. 그러기 위해선 컴퓨터 그래픽이나 컴퓨터 공학. 코딩, 산업디자인 등의 공부를 하면 훨씬 유리하겠지요.

또한 3D 프린팅 운영 전문가는 원하는 제품에 가장 적합한 소재를 찾고 그것을 3D 프린터를 통해 최적의 상태로 구현할 수 있어야 하기 때문에 상상력과 미적 안목, 창의력을 필요로 한답니다.

☆ 3D 프린트 운영 전문가의 전망은 어떤가요?

많은 사람들이 3D 프린팅 기술은 미래 제조업의 새로운 혁명이 될 거라고 선언합니다. 하지만 3D 프린팅 기술은 이제 걸음마 단계예요. 앞으로 넘어야 할 산이 많지만 그만큼 사람들이 3D 프린팅 기술에 거는 기대는 엄청나지요.

현재 3D 프린팅 기술은 미국이나 유럽, 일본에서 주도적으로 연구되고 있어요. 우리나라도 3D 프린터에 거는 기대가 매우 커서 많은 지원과 인재육성에 투자를 시작했답니다.

3D 프린터로 만들 수 있는 것은 어디까지일까요? 집도 가능할까요?

우리나라에서는 2015년 「삼차원 프린팅산업 진흥법」이 제정·시행되면서 미래창조과학부와 산업통상자원부는 '3D 프린팅 산업 발전전략'을 수립했다고 해요. 2020년까지 우리나라 3D 프린팅 기술을 세계적인 단계까지 올려놓겠다는 목표입니다. 또한 적극적인 인재양성을 위해 '3D 프린팅 인재양성 사업'을 실시하고 있다고 해요.

2018년 하반기부터는 '3D 프린트 운영기능사'와 '3D 프린터 산업기사' 자격증이 새롭게 신설된다고 합니다. 4차 산업혁명을 주도하는 핵심적인 영역으로 3D 프린팅 기술이 적극적인 지원과 기대를 받고 있는 것이죠.

또한 3D 프린팅 기술은 그 특성상 다른 산업과의 연계성이 매우 높은 분야라고 해요. 그리고 실제로 그렇게 되었을 때 그 효과와 수요는 엄청나게 폭발적일 수 있는 영역이지요.

현재 3D 프린팅 기술은 피규어나 액서서리 등 작은 소품 위주의 제품을 만드는 단계이지만 의료, 제조, 패션, 교육 분야로 넓혀가기 위해 기술 개발 중이며 따라서 3D 프린팅 전문가들의 설 자리는 무궁무진할 거예요.

AI(인공지능) 전문가

❓ AI 전문가란 무엇일까요?

AI 전문가란, 사람과 같은 지적능력을 가진 컴퓨터 프로그램을 만드는 전문가를 말해요.

💡 AI은 무엇인가요?

AI이란 영어로 Artificial Intelligence라고 해요. 이 단어의 앞 글자를 따서 AI라고 하지요. AI는 사람처럼 지식을 습득하는 능력, 판단력 심지어는 감성의 영역까지 지닌 컴퓨터 프로그램이라고 말할 수 있어요.

아직은 사람과 같은 능력의 AI을 구현하기엔 많은 기술과 시간이 필요하지만 수많은 사람들이 AI에 대한 꿈을 이루려 오랫동안 노력해 왔어요.

인간의 지능을 대신할 기계에 대한 철학적 논의와 기술적 논문들은 있어 왔지

인공지능을 가진 로봇이 우리 삶을 바꾸는 날은
멀지 않았다고 해요.

만 AI라는 용어를 처음 사용한 것은
미국의 존 매카시예요(1956년 다트머
스의 한 학회에서 처음으로 사용했어요).

1960~1970은 AI 연구의 1차 전성
기였지만 슈퍼계산기에 가까운 상태
였고 기술적 한계에 부딪치면서 관심
에서 멀어졌다가 1980년대에 들어서
면서 제2차 전성기를 맞이하게 돼요.
혈액진단이나 광물탐색 등 특정분야
의 전문가들에게 필요한 전문영역의 데이터베이스를 구축하여 제공하는 방식의
'전문가시스템'이 활발해지면서였어요.

하지만 한 분야의 전문적인 지식기반 데이터베이스를 만들려면 어마어마한
양의 데이터를 일정한 룰에 따라 인공지능에 입력해줘야 하는데 엄청난 양의 데
이터를 입력한다는 것이 불가능하다는 것을 알게 되면서 한계에 부딪치게 돼요.

이로 인해 시들해졌던 AI에 대한 관심은 2012년 ILSVRC Imagenet Large Scale
Visual Recognition Challenge 글로벌 이미지 인식 경진대회에서 일대 전환점을 맞게
돼요. 바로 '딥러닝'이라는 기술이 처음으로 선보이게 된 날이에요. '딥러닝'은
인공지능의 역사를 뒤바꿀 정도의 획기적인 기술이었거든요.

이 기술은 쉽게 말해 사람이 일일이 학습을 시켜야 했던 기존의 인공지능과는
달리 인공지능 스스로 학습이 가능하게 만든 기술이에요. 나무를 예로 들자면
'전문적 시스템'은 나무의 뿌리에서부터 잎까지 일일이 정의를 입력해 줘야 하
고 나무가 아닌 것과 나무인 것을 사람이 구별해서 학습시켜야만 인식이 가능했

어요. 하지만 '딥러닝' 기술은 나무 사진을 수백 장에서 수천 장 보여 주고 나무의 특징을 스스로 학습하도록 하는 거예요, 이를 통해 나무와 나무가 아닌 것을 스스로 찾아내게 되는 것이지요. 정말 놀랍지요!

지금까지의 인공지능기술들은 인간이 정해주지 않는 데이터는 스스로 판단할 수 없었기 때문에 엄밀하게 말해 인공지능이라고 말하기는 힘들어요. 하지만 딥러닝 기술은 인공지능 스스로가 판단하고 학습한다는 점에서 인간이 구현하려는 인공지능에 한 발짝 다가간 것이지요.

💬 AI 전문가가 하는 일은 무엇일까요?

인공지능 전문가들이 하는 일은 매우 많지만 가장 핵심적인 일은 소프트웨어를 개발하는 일이에요. 인공지능을 학습시키는 기술적인 소프트웨어를 비롯한 영상인식, 음성인식, 번역, 자연어(컴퓨터언어가 아닌 사람이 하는 말)을 이해하고 판단하는 소프트웨어 등이 있어요.

🖋 AI 전문가가 되려면 무엇을 준비해야 할까요?

로봇과 인공지능의 다른 점은 로봇은 하드웨어이고 인공지능은 소프트웨어라는 것이지요. 컴퓨터의 몸체를 만드는 것이 하드웨어라면 컴퓨터를 운영하는 프로그램을 소프트웨어라고 생각하면 빠를 거예요.

로봇이 움직이도록 하려면 로봇을 작동하게 하는 프로그램이 탑재되어야 하는데 그것이 바로 인공지능이에요. 그렇기 때문에 인공지능 전문가는 컴퓨터 소프트웨어를 반드시 다룰 줄 알아야 해요. 컴퓨터 공학이나 정보통신 공학, 전자 공학, 소프트웨어학, 정보 공학, 정보시스템, 데이터 프로세싱 등 관련된 전공을 하면 매우 유리하겠지요.

컴퓨터 언어를 알아야 하기 때문에 코딩과 코딩의 기본이 되는 수학도 중요해요. 또 심리학이나 철학을 공부해 두면 좋아요 왜냐하면 지금은 아직 기술적으로 부족하지만 인공지능은 사람처럼 생각하고 판단하고 감성까지 갖게 하는 것이 목표이기 때문에 인간의 심리를 공부하고 또 수없이 충돌하는 윤리, 철학의 문제까지도 생각해야 해요.

이런 이유 때문에 다수의 사람들은 인공지능에 대한 긍정적인 생각만큼이나 인류에게 오히려 해가 되지 않을까 하고 불안감을 가지고 있어요.

인간의 복지를 돕는 인공지능을 만들기 위한 노력은 인공지능 전문가가 되기 위한 가장 기본적인 마음자세이겠지요.

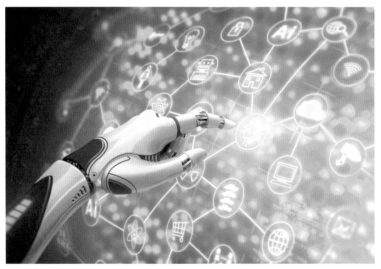

AI는 인간을 도우며 인간과 공존하게 될 것입니다. 때문에 인간에 대한 이해와 존경이 필요합니다.

✪ AI 전문가의 전망은 어떤가요?

미국과 일본, 독일, 홍콩 등 외국에 비하여 우리나라의 인공지능에 대한 연구는 다소 늦게 시작되었지만 그 성장 가능성은 매우 밝다고 볼 수 있어요.

미래창조과학부는 '인공지능 분야 SW 기초연구센터'를 설립하고 인공지능 기술 연구에 투자할 예정이며 또한 세계 최고의 인공지능 기술을 선도하겠다는 목표 아래 2013년부터 한국 전자통신연구원에서 개발 중인 인공지능 엑소 브레인 프로젝트를 지원하고 있어요.

왓슨이나 알파고처럼 우리나라를 대표하는 인공지능이 될 수 있도록 계획을 수립하고 차근차근 기술을 쌓아 올리고 있지요.

플런티, 마인즈랩, 네오팩트와 같은 스타트업 회사 또한 의료, 재활 등 다양한 분야에 진출하여 우리나라 인공지능의 가능성을 보여 주고 있어요.

많은 과학자들과 연구자들, 미래학자들은 인공지능이 수많은 영역의 사물들과 연결되면서 사물인터넷, 자율주행차, 로봇, 게임. 의료, 보안 등 그 쓰임의 영역이 우리 생활 전반으로 확장될 거라고 예측하고 있어요. 이러한 면에서 인공지능 전문가들의 영역은 무궁무진하게 펼쳐질 거예요.

앞으로는 AI가 내가 원하는 뉴스를 골라서 읽어주게 될지도 몰라요.

사물인터넷 개발자

❓ 사물인터넷 개발자란 무엇일까요?

센서와 통신기능을 탑재한 사물과 사물이 인터넷을 통해 서로 연결되어 정보를 주고받는 기술과 환경을 개발하는 일을 하는 전문가를 말해요.

💡 사물인터넷은 무엇인가요?

"일어나세요! 일어나세요!' 아침 7시! 준이를 깨우는 건 엄마가 아닌 인공지능 '콩이'였어요.

부스스 눈을 비비고 일어난 준이에게 오늘 준비물을 줄줄 읽어 주기 시작하는 콩이! 준이는 콩이가 말해 주는 준비물을 듣자 버스 카드 충전을 하지 않은 게 생각났어요.

"콩이야~ 버스카드 충전해 줘!' 준이의 말에 곧바로 준이의 스마트폰에는 '버스카드 10000원 충전! 결제 엄마 카드!^^'라는 안내문이 떠요. 뒤이어 '생수가 떨어졌으니 곧 바로 주문 예정입니다'라는 콩이의 메시지 음성이 들리고 거실에 계시던 엄마는 '늘 주문하던 걸로……'라는 말로 준이네 하루가 시작됩니다.

우리는 곧 스마트폰 하나로 모든 것이 가능해지는 세상에서 살게 될 거예요.

바로 이러한 풍경들은 인공지능과 사물인터넷이 연결되어 만드는 얼마 머지 않은 우리의 아침 풍경이 될지도 몰라요.

사물인터넷이란 말은 'Internet of Things'의 약어로 IoT라고 불러요. 사물인터넷은 통신기능과 센서가 탑재된 사물, 공간과 사람이 인터넷으로 연결되어 수집된 정보가 공유되고 활용되는 기술을 말해요.

인터넷을 통해 수집된 사물과 공간의 정보는 여러 가지 목적에 맞게 사용자에게 제공되고 사용자는 그 정보를 바탕으로 원격제어도 할 수 있어 우리의 삶은 한층 더 편리해질 수 있지요.

사물인터넷은 확장될 수 있는 분야가 너무나 많기 때문에 활용될 수 있는 범위가 굉장히 넓다고 볼 수 있어요. 그중에서도 가장 빠르게 적용되고 있는 사물인터넷의 예는 가전제품이에요. 오늘의 날씨를 알려주고 부족한 식재료를 온라인 구매해 주는 냉장고, 집 안팎 어디서든 원격제어되는 에어컨, 집안의 온도,

습도를 스스로 조절 가
능한 공기 청정기 등은
이미 출시되고 있는 제
품이기도 해요.

이 밖에도 가구, 비데,
농장, 자동차, 몸에 착용
하는 스마트기기인 웨어
러블, 헬스케어, 보안 등
사물인터넷의 활용 범위
는 엄청나게 많아요.

사물인터넷으로 통제되는 집.

💬 사물인터넷 개발자가 하는 일은 무엇일까요?

먼저 센서 개발을 해요. 사물 간의 연결을 위해서는 각 사물의 정보가 중요하기 때문에 정보를 감지하는 센서는 매우 중요한 장치에요.

두 번째는 이러한 정보를 스마트 기기로 전송해 기록할 수 있는 애플리케이션 개발과 유, 무선 와이파이 NFC(근거리통신망)을 이용하여 사물과 사물 사이 또는 사물과 인간 사이의 소통을 위해 만들어진 물리적 매개체나 컴퓨터 간에 정보를 주고받을 때의 통신방법에 대한 규칙과 약속에 해당하는 프로토콜 개발을 해요. 쉽게 말해서 한국 사람과 미국 사람이 서로 소통하기 위해서는 통역이 필요하듯이 바로 통역에 해당하는 것이 프로토콜이나 물리적 매개체에 해당한다고 생각하면 돼요.

세 번째는 시뮬레이션을 통해서 시스템의 오류를 발견하여 수정하는 일을 해요.

4차 산업혁명과 서비스업이 결합되면 세상은 어떻게 바뀔까요?

아직은 개발단계에 있으나 사물인터넷이 발전하게 되면 인간의 개입 없이도 사물 간의 데이터 전송이 이루어지게 될지도 몰라요.

그래서 사물과 사물이 연결되다 보면 개인의 사생활 침해와 정보가 유출되어 해킹의 위험에 노출될 수 있다는 우려도 나오고 있어요. 사물인터넷 개발자는 이러한 위험에 대비하고 보안적인 문제도 신경 써야 해요.

✍ 사물인터넷전문가 되려면 무엇을 준비해야 할까요?

사물인터넷은 그 발전 가능성이 무궁무진하고 다양한 분야와 접목될 수 있는 산업인 정보통신과 관련된 일이니 만큼 전문적으로 통신 공학, 컴퓨터 공학, 전자 공학, 제어계측 공학, 기계 공학, 소프트웨어 공학, 프로그래밍 언어 등을 공부해야 해요.

또한 사물인터넷을 접목하여 만들어 낼 수 있는 수많은 분야에 대해 창의성과 아이디어가 필요해요.

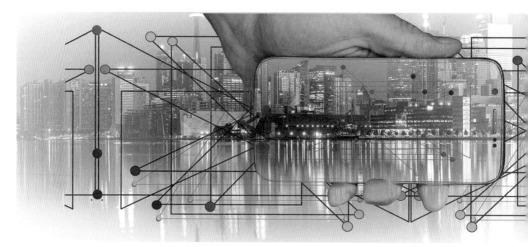

우리가 살게 될 미래사회는 사물인터넷의 세상입니다.

사물인터넷이 어떤 분야에 활용될 수 있는지를 연구하고 실제적인 기술을 개발해 적용하기 위해서는 우리가 생활하고 있는 환경이나 주변에 대해 호기심과 관찰하는 습관도 필요해요. 지금부터 준비하고 싶다면 관련도서와 체험기회를 찾아 직접 체험해보는 것도 미래를 준비하는 데 많은 도움이 될 것입니다.

⭐ 사물인터넷전문가의 전망은 어떤가요?

사물인터넷의 전망은 매우 밝은 편이에요. 미국과 유럽 선진국에서는 이미 사물인터넷 시장의 폭발적인 성장을 전망하고 있어요.

2015년 미국의 경제 매체인 포브스는 사물인터넷 시장이 42억 달러에서 2020년까지 140억 달러 규모로 성장할 것으로 예측했어요. 또한 IT 시장조사 전문기관인 가트너(Gartner)는 IoT 사물 및 기기가 2020년 2천억 개에서 2040년 1조 개 이상으로 늘어날 거라고 예측하고 있다고 해요.

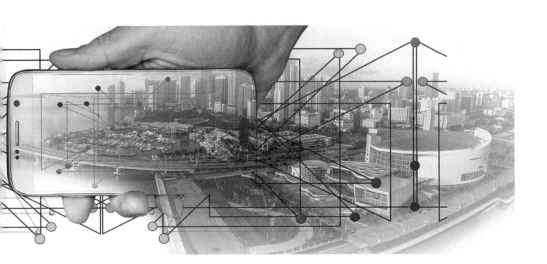

　세계 여러 나라는 사물인터넷 사업을 보급 육성하려는 다양한 계획을 가지고 있어요. 미국의 '그리드 2030'이나 유럽의 'IoT 액션 플랜' 그리고 일본의 'I-Japan 전략 2015' 등이 바로 그러한 계획의 한 예이지요.

　이러한 세계적인 추세에 따라 우리나라의 과학기술 정보통신부에서는 '사물인터넷 기본 계획'을 발표하고 사물인터넷 시장을 2030년까지 30조까지 키우겠다는 계획을 세웠답니다. 또한 2016년 고용노동부에서 미래 신직업에 '사물인터넷 전문가'를 선정하고 전문 인력 양성에 힘쓰고 있어요.

　사물인터넷은 가전제품, 지능형 빌딩, 헬스케어, 스마트팜, 자율주행차 등 다양한 분야에서 발전하고 성장하고 있어요. 4차 산업혁명의 꽃이라고 불리는 사물인터넷! 사물인터넷에 거는 사람들의 기대는 사물인터넷을 넘어 초 연결 만물인터넷까지 구상하고 있다고 해요. 모든 세상이 하나로 연결되는 만물인터넷 시대! 과연 어떤 세상이 펼쳐질지 우리 함께 상상해 볼까요?

가상현실 전문가

❓ 가상현실^{virtual reality, VR}**전문가란 무엇일까요?**

특정 컴퓨터 프로그램을 이용하여 현실처럼 느껴지는 가상의 시/공간을 만들고 다양한 응용분야에 활용하는 일을 하는 전문가를 말해요.

💡 가상현실은 무엇인가요?

가상현실은 다양한 분야와 연결되어 꾸준히 발전해 오고 있어요. 그중에서도 우리가 가장 많이 접할 수 있는 가상현실은 영화와 에니메이션 혹은 게임이지요.

가상현실을 소재로 한 대표적인 영화로 1999년에 개봉된 '매트릭스'가 있어요. 컴퓨터에 의해 통제되는 매트릭스라는 가상 세계에서 벌어지는 이야기로 '매트릭스'가 개봉되면서 많은 사람들이 가상현실에 대해 관심을 가지게 되었지요.

가상현실은 어디까지 구현될 수 있을까요?

가상현실

가상현실이란, 컴퓨터 프로그램에 의해 만들어진 현실과 비슷하지만 실제가 아닌 시공간의 가상 환경이나 상황을 말해요. 가상현실을 만드는 기술로는 컴퓨터를 이용하여 3차원 물체를 그리는 과정인 3D모델링과 인터넷상에서 가상현실을 볼 수 있도록 3차원 공간을 표현하는 텍스트 파일인 VRML^{Virtual Reality Modeling Language} 등이 있어요.

따라서 가상현실 백화점, 가상현실 쇼핑몰 등을 만들어 고객이 직접 매장에 오지 않아도 인터넷을 통해 상품과 내부를 구경할 수 있도록 만들 수도 있어요. 앞으로는 미술관이나 음악회에 가는 대신 가상현실세계에서 문화생활을 즐기는 것도 가능해지게 돼요. 이런 프로그램을 이용해 인터넷상에 가상현실을 만들고 사용자 간에 공유가 이루어진다면 아주 신기하고 재미있을 거예요.

종류

가상현실의 종류는 몰입형 가상현실, 원거리 로보틱스, 데스크탑 가상현실, 삼인칭 가상현실로 나눌 수가 있어요.

몰입형 가상현실은 말그대로 실제와 같은 생생한 현실감을 주어 가상현실에 몰입감을 갖도록 만든 시스템이에요. 3D게임을 떠올리면 돼요. 몰입형 가상현실 안에서 구현되는 가상현실은 HMD(머리 부분 탑재형 디스플레이, Head Mounted Display)나 데이터 글러브^{data glove}, 데이터슈트^{data suit}, 스페이스 볼 등 다양한 특수 장비를 통해 직접 보고 만지고 느끼며 조작과 소통이 가능하도록 설계되어 있어 실제 가상현실 속에 있는 듯한 현장감을 생생히 느낄 수 있어요. 또한 우리가 현실 세계에서 볼 수 없거나 존재하지 않은 상상의 세계를 구현하여 더욱 흥미롭고 재미있는 가상공간을 만들어 내지요.

원거리 로보틱스^{tele-robotics}시스템은 몰입형 가상현실과 로봇이 결합된 형태의 가상현실 시스템이에요. 원거리 로보틱스의 한 예를 이야기해 볼까요?

서울에 있는 한 연구소는 강원도 영월에서 새로 발견된 동굴을 탐사하기 위해서 로봇을 보내요. 카메라를 부착한 로봇은 동굴 안으로 들어가면서 동굴 안의 환경을 서울에 있는 연구소의 가상현실 시스템으로 전송하게 돼요. 연구소에 있는 연구원은 로봇과 연결된 가상현실 시스템을 통해 직접 가지 않고도 마치 동굴 속을 직접 탐사하는 효과를 얻게 되지요. 실제 서울에 있지만 가상현실을 통해 공간이동을 한 것과 같은 효과를 얻을 수 있지요. 원거리 로보틱스는 로봇과 가상현실의 발전이 더해 갈수록 그 가치는 높아질 것으로 예상되는 분야에요.

데스크톱 가상현실은 데스크탑 컴퓨터 모니터에 3D 입체안경과 3D 마우스, 조이스틱을 연결하여 만들어내는 가상현실이에요. 비교적 간단하고 쉬운 가상현실을 구현할 수 있어요

직접 만져보고 느낄 수 있는 가상현실 세계도 곧 시작됩니다.

삼인칭 가상현실은 오락용으로 많이 쓰이는 가상현실로, 컴퓨터가 만들어 놓은 가상현실에 비디오카메라로 촬영된 사용자의 모습을 나타나게 하여 사용자가 가상공간에 존재하는 것과 같은 효과를 주는 시스템이라고 해요.

증강현실

증강현실은 현실 세계를 기반으로 가상현실을 덧입혀 현실 세계에 정보를 제공해 주는 시스템으로, 몰입형 가상현실과 그 쓰임새와 용도가 다른 것일 뿐 넓은 의미에서 보자면 가상현실의 한 종류라고 할 수 있어요.

💬 가상현실 전문가가 하는 일은 무엇일까요?

가상현실 전문가에게 있어 가장 중요한 일은 컴퓨터그래픽과 프로그래밍 언어에 대한 지식을 바탕으로 사용자에게 적합한 가상현실을 구현해 내기 위해 가상현실 환경을 기획하고 시스템을 프로그래밍하는 일이에요.

음악회, 여행, 쇼핑이 가상현실과 만나게 되는 세상은 어떨까요?

가상현실은 수많은 기술이 집약적으로 모여 만들어지는 것으로 매우 복잡하고 세밀한 작업이에요. 또한 혼자서 하는 작업이 아니기 때문에 많은 분야의 사람들과 협의하고 의견 조율을 해야 해요.

🖊 가상현실 전문가가 되려면 무엇을 준비해야 할까요?

가상현실 전문가가 되기 위해서 필요한 전공은 응용소프트웨어 공학과, 정보·통신 공학과, 컴퓨터 공학과, 컴퓨터 그래픽과, 컴퓨터디자인 학과 등이 있어요. 평소에 가상현실에 관심이 많은 친구라면 어떤 분야를 가상현실에 응용해 보면 좋을지 상상해 보며 관련된 책과 자료를 찾아보면 좋아요.

기술적인 부분은 대학이나 전문학교 혹은 전문기관을 통해 배울 수 있지만 응용력과 창의력은 하루아침에 생기는 것이 아니며 요즘은 간단한 가상현실 체험

키트나 가상현실을 체험할 수 있는 앱이나 체험장도 있기 때문에 열정과 관심을 가지고 경험해 보세요.

가상현실은 현실세계를 반영하는 것도 있지만 현실에 존재하지 않은 상상의 세계를 창조해야 하는 일이니만큼 과학, 미술, 음악, 역사, 사회 등 다양한 분야에 대한 바탕지식도 필요합니다.

⭐ 가상현실 전문가의 전망은 어떤가요?

전문가들은 세계 가상현실 게임 시장규모가 2020년에는 약 37조원까지 성장할 것이라고 예상하고 있어요. 가상현실은 이제 게임 속의 상상의 세계만이 아닌 현실 세계에 입혀져 증강현실^{AR}로, 가상현실^{VR}의 몰입도와 증강현실의 현장감이 합쳐진 혼합현실$^{Mixed\ Reality,\ MR}$로 발전하며 그 활용도가 더욱 확장되고 있는 추세입니다.

가상현실과 융합될 수 있는 분야는 게임뿐만이 아니라 공연, 교육, 문화컨텐츠, 의료, 쇼핑, 패션, 테마 파크등 다양하게 열려 있고 발전 가능성 또한 가장 큰 분야 중 하나입니다.

어쩌면 의사를 직접 만나지 않고 진료를 받을 수 있는 세상이 될지도 몰라요.

홀로그램 전문가

홀로그램 전문가란 무엇일까요?

홀로그램 전문가란, 홀로그래피 원리를 이용하여 만들어진 홀로그램 사진이나 영상을 연구하고 컨텐츠를 기획하며 다양한 분야에 활용하는 일을 하는 전문가를 통칭해요.

홀로그램이란 무엇인가요?

여러분은 혹시 스타워즈라는 영화를 본 적이 있나요? 그 영화 속엔 R2-D2라는 작고 귀여운 로봇이 나옵니다. 영화에서는 레아 공주의 메시지를 전달하는 장면에서 R2-D2가 레이저 빛을 쏘아 마치 실제 레아 공주가 이야기하는 듯한 홀로그램 영상을 보여 줍니다.

처음 이 영화가 상영되었던 당시만 해도 굉장히 놀라운 장면으로 많은 감탄을

가상현실과 홀로그램은 어떻게 다를까요?

받았습니다. 바로 이것이 홀로그램입니다. 그렇다면 홀로그램이란 무엇일까요?

홀로그램은 완전한 사진이라는 뜻으로, 평면적인 사진이 아니라 실제 모습처럼 보이는 3차원 입체 영상이나 사진을 의미한다고 해요. 이 홀로그램은 홀로그래피의 원리에 의해서 만들어지게 돼요.

홀로그래피의 원리를 처음 개발한 사람은 데니스 가보르 Dennis Gabor, 1900~1979 라는 전기공학자로, 1971년 노벨 물리학상을 받았어요. 그럼 홀로그래피 원리는 어떻게 될까요?

홀로그래피의 원리는 빛을 2개로 나누어 하나는 물체에 비추고 다른 하나는 스크린에 비추어요. 물체를 비춘 빛을 다시 스크린에 비춘 빛과 겹치게 하면 두 빛이 만나며 간섭무늬 현상을 일으키게 되는데 간섭무늬 현상에 의해서 나타나는 입체적인 상이 필름에 나타나게 되는 원리예요. 그리고 이 원리에 의해 만들어지는 결과물인 입체 필름을 홀로그램이라고 해요. 그래서 홀로그램은 2차원의 평면 사진과는 다른 3차원의 모습을 담게 되지요.

💬 홀로그램 전문가가 하는 일은 무엇일까요?

홀로그램을 영화와 공연에 이용하면서부터 많은 사람들이 관심을 갖게 되었어요. 이는 과학의 영역이 다양한 예술과 컨텐츠와 만나면서 새롭게 발전하는 좋은 예라고 말할 수 있지요. 그래서 홀로그램 전문가는 다양한 영역에서 일을 하고 있어요.

지금부터 홀로그램 전문가들의 다양한 직업과 하는 일을 알아보도록 해요.

먼저, 홀로그램 기술을 연구하고 개발하는 '홀로그램 기술개발 연구원'이 있어요. 현재 홀로그램 기술은 많이 발전하고 있지만 이제 시작 단계이기 때문에 아직은 우리가 영화에서 보는 것처럼 3차원 공간에서 볼 수 있는 3D 입체영상을 구현할 수는 없습니다. 그래서 좀 더 많은 연구와 기술 개발이 필요해요. 따라서 '홀로그램 기술개발 연구원'은 물리학, 레이저, 전기, 전자 공학 등 전문적인 공부를 통해 좀 더 생생한 홀로그램 영상을 구현하기 위해 연구하고 개발하는 일을 해요.

두 번째는 홀로그램을 이용하여 영화나 공연, 전시 그 밖의 다양한 창의적인 콘텐츠를 만들어 활용하는 '홀로그램 콘텐츠 제작자'가 있어요.

홀로그램을 공연이나 영화, 전시에 어떻게 활용하면 멋진 공연이 될까를 기획하고 아이디어를 내서 응용하는 일을 하지요. 또한 홀로그램이 이용될 수 있는 컨텐츠를 발굴하고 개발하는 일도 해요. '홀로그램 콘텐츠 제작자'는 홀로그램에 대한 과학적인 지식뿐만 아니라 컨텐츠 개발을 위해서 열정과 창의력 그리고 풍부한 상상력을 필요로 해요. 더불어 예술, 공연, 전시, 영화와 같은 분야에 대해서 다양한 지식이 필요하답니다.

이를 조금 더 세분화하면 '홀로그램 공연기획자'와 '홀로그램 공연 제작자'로

홀로그램으로 만드는 창의적 콘테츠와 입체적 자료들은 우리 삶을 바꾸게 될 것입니다.

나눌 수가 있어요.

우리가 공연에서 보는 홀로그램은 아직 진정한 홀로그램이 아니에요. 홀로그램과 비슷한 효과를 내는 유사 홀로그램이지요.

앞에서 말한 것과 같이 홀로그램은 빛의 간섭무늬현상에 의해 나타나지만 공연에 쓰이는 홀로그램은 플로팅 기법이라고 해서 스크린에 반사시켜 얻은 반사광으로 만들어진 것이에요. 그런데 아직까지는 대규모 공간에서 3차원 입체영상으로 구현되기에는 많은 노력과 기술이 필요합니다.

'홀로그램 공연기획자'는 말 그대로 홀로그램을 공연에 사용함에 있어 일시, 장소, 규모, 예산, 설치 심지어는 관객의 시선의 움직임까지 공연관계자들과 협의해 최적의 홀로그램 공연이 이루어질 수 있도록 기획하고 설계하는 모든 일을

홀로그램은 이런 이미지도 가능하게 해요.

담당하지요. 그래서 '홀로그램 공연 제작자'는 공연에 투입되는 많은 전문가들과 소통하고 조율할 수 있어야 해요. 당연히 홀로그램에 대한 전문적인 기술과 지식은 기본이겠지요.

이밖에도 홀로그램 엔지니어. 홀로그램 디자이너 등 다양한 분야의 전문가가 있어요.

여러분은 어떤 분야에 관심이 있나요? 홀로그램 전문가가 되고 싶다면, 무엇보다 어떤 분야로 나아갈 것인가를 결정하기 전에 홀로그램에 대한 관심과 열정을 가져야 성공할 수 있답니다.

✒ 홀로그램 전문가가 되려면 어떻게 해야 할까요?

홀로그램 전문가로 일하기 위해서는 가장 먼저 홀로그램이 무엇인지 이해하고 공부하는 시간이 필요해요. 일반적으로 홀로그램은 굉장히 전문적인 분야이기 때문에 대학이나 대학원에서 전문적인 공부를 하는 것이 훨씬 유리하겠지요.

가장 기본이 되는 물리학, 광학, 전기공학, 전자공학, 레이저, 시각디자인, 영상그래픽디자인, 3D 영상기술 등 관련학과에 진학해 전문적으로 공부하는 과정도 필요해요.

☆ 홀로그램 전문가의 전망은 어떨까요?

홀로그램은 과학적 연구영역에서 점점 많은 분야와 접목되면서 그 필요성과 이용가치가 높아지고 있어요. 1983년 마스터카드에 위조방지를 위한 홀로그램이 사용된 이래로 홀로그램은 의료, 저장매체, 설계, 전시, 공연 등 매우 다양한 분야에 활용되고 있으며 앞으로도 그 필요성은 더욱 높아지게 될 거에요. 또한 가상현실이나 증강현실의 발전과 더불어 홀로그램 영상은 더욱 실감나는 세계를 만들어갈 거예요. 우리나라에서도 미래창조과학부 'ICT R&D 중장기 전략'의 10대 핵심기술 중 하나로 선정될 만큼 미래 4차 산업을 이끌어갈 중요한 기술이 될 거예요.

아직은 시작 단계인 홀로그램 기술이지만 4차 산업의 꿈나무인 여러분이 관심을 갖고 이 분야에 진출한다면 완전한 3차원 입체 홀로그램이 탄생될 그날을 기대해 봐도 되겠지요.

화이트 햇 해커

화이트 햇 해커란 무엇일까요?

우리나라에서는 '화이트 해커'라고 불리는 '화이트 햇 해커^{white-hat hacker}(보안 전문가)'는 선의를 위해 해킹 관련 기술을 쓰는 사람을 말해요.

해커^{hacker}란 컴퓨터에 흥미를 가지고 이에 몰두하는 사람을 가리키는 말이에요. 이와는 반대로 불법적인 목적과 악의를 가지고 컴퓨터를 해킹하는 사람들은 크래커^{cracker}라고 해요. 일반적으로 많은 사람들은 크래커^{cracker}와 해커^{hacker}를 구분하지 못하기 때문에 '해커'라는 용어에 대한 안 좋은 오해를 하고 있지만 암흑의 일을 하는 것은 해커가 아니라 크래커랍니다.

'화이트 햇' 해킹은 무엇일까요?

여러분은 해킹이라는 말을 많이 들어보셨을 거예요. 해킹하면 무엇이 가장 먼저 떠오르나요. 아마도 '불법'이라는 말일 거예요.

해킹은 좋은 해킹과 나쁜 해킹이 있어요. 그렇다면 '좋은 해킹'이라는 것은 무엇일까요? 이제부터 정확하게 해킹의 의미는 무엇이며 크래킹과는 어떻게 다른 것인지 살펴볼까요?

해커는 좋은 사람? 나쁜 사람?

해킹은 타인의 컴퓨터 시스템이나 네트워크에 정당한 접근 권한이 없는 상태에서 불법적으로 침입하는 행위를 모두 포괄하는 의미에요. 그리고 크래킹은 해킹을 통해 상대방의 컴퓨터 시스템이나 네트워크를 악의적인 목적으로 파괴하는 행위를 말해요.

그렇다면 해킹 또한 불법적인 행위는 맞는 것 같은 데 '좋은 해킹'은 과연 무엇일까요. 바로 그 '좋은 해킹'이 화이트 햇white hat 해킹이며 이를 실행하는 사람을 '화이트 햇 해커white-hat hacker'라고 하지요.

화이트 햇 해킹은 학업과 연구를 목적으로 의도적으로 해킹을 하여 서버의 취약점을 알아내고 보안에 관한 방어 전략을 짜는 일을 말해요. 다시 말하자면, 화이트 햇 해킹은 의도를 가지고 일부러 시스템에 불법침입하는 것으로, 이는 블랙햇 해커black-hat hacker들과 유사한 점이에요. 하지만 시스템을 파괴하기 위한 목적이 아니라 어떤 부분이 취약한 지 연구하고 보안대책을 마련하기 위해서라는 것이 다른 점이지요. 이러한 이유로 화이트 햇 해킹은 '좋은 해킹'이라 할 수 있어요.

💬 화이트 햇 해커가 하는 일은 무엇일까요?

화이트 햇 해커가 하는 가장 중요한 일 중 하나는 새로운 기술을 익히는 끊임없는 공부라고 해요. 해킹기술은 너무나 빠르게 변화하고 있는 분야라서 새로운 신기술을 공부하고 자기 개발을 하지 않으면 살아남기가 힘든 일이에요. 그래서 유명한 화이트 햇 해커들은 화이트 햇 해커가 되기 위한 중요한 자세로서, 하나의 문제를 끝까지 파고드는 집요함과 끈기, 끊임없이 발전하고 있는 신기술에 대한 강한 호기심과 열정을 이야기하고 있어요. 이러한 자기 개발에 대한 끊임없는 노력이 있어야만 화이트 햇 해커로서 성공할 수 있다고 해요.

화이트 햇 해커들은 소속된 기관이나 기업의 보안시스템 또는 컴퓨터에 침입하여 보안상 취약한 점을 알아내고 이를 알리어 방어 전략을 짜는 일을 해요. 이것을 '모의해킹'이라고 하며 화이트 햇 해커들이 하는 일 중 한 분야예요.

'모의해킹'은 실제 크래커들이 쓰는 해킹 기법과 도구를 이용하여 서버에 침투하는 경로를 다각적으로 찾아가는 과정이라고 해요.

이 과정은 창의적인 아이디어가 필요한 일이라고 해요. '모의해킹'을 하기 위해서는 먼저 해킹 대상이 되는 시스템의 구조를 잘 알고 있어야 하기 때문에 다양한 시스템에 대해서 지속적인 공부가 되어 있어야 해요. 또 모의해킹을 통한 보안의 취약점을 알게 되면 그것을 막아내기 위한 V3나 알약과 같은 백신 프로그램 개발 및 개선방안을 컨설팅하는 일도 한다고 해요.

화이트 햇 해커들 중에는 회사에 소속되지 않고 프리랜서로 일하는 사람들도 있어요. 이들은 특정 기업을 모의 해킹하여 해킹의 목적과 문제점을 알리고 보안의 취약점을 해결할 수 있도록 돕고 보상을 받는다고 해요. 해외에서는 이러한 보상제도가 활성화되어 있으며 이를 '버그 바운티^{bug bounty}'라고 해요.

많은 해외 기업들은 보안 시스템이나 중요한 데이터가 크래킹을 당하고 수많은 돈을 요구받게 되는 경우가 많아지게 되자 자신들의 취약점을 알려주고 개선방향을 제시해 주는 화이트 햇 해커들에게 보상을 시작했어요. 그럼으로써 더 큰 물질적 금전적 피해를 미연에 방지하고 크래킹을 목적으로 했던 사람들을 화이트 햇 해커로 유도하여 긍정적인 방향으로 능력을 사용할 수 있도록 '버그바운티' 제도를 적극적으로 이용하고 있다고 해요.

구글이나 애플, 마이크로소프트, 페이스북, 라인 등의 기업에서는 이러한 버그 바운티 제도를 적극적으로 시행하여 보안상의 취약점을 해결해 나가고 있어요. 국내에서는 삼성, 네이버, 한국인터넷 진흥원^{KISA}-이스트시큐리티, 지니언스, 안랩, 하우리, 한글과 컴퓨터, 카카오-등에서 '버그 바운티' 제도를 실시하고 있으나 아직 해외의 사례만큼 활성화되지 않고 있어 그 문제점을 개선하고 좀 더 실력 있는 화이트 햇 해커들을 양성하고 영입하고자 노력하고 있다고 해요.

또한 통신보안 전문가 그룹인 써트^{CERT}는 worm 바이러스 공격에 대응하기 위해 만들어진 긴급 대응팀으로, 우리나라에도 1995년 CERT 코리아가 만들어졌어요. 이후 정부 차원에서 컴퓨터 침해사고 대응팀을 만들었고 2009년에 한국 인터넷진흥원에서는 인터넷침해대응센터(krCERT/CC)로 명칭을 변경한 뒤 컴퓨터 해킹 사고 등 각종 침해사고에 대응하는 방법을 연구하고 지원하고 있어요.

써트 역시 긴급한 해킹사고에 대응하는 일을 하는 보안전문가로서 보안의 최전방에서 싸우고 있는 화이트 햇 해커라고 볼 수 있어요. 써트(CERT)는 네트워크를 통한 일이 대부분이기 때문에 네트워크에 대한 전문지식과 기술이 필요하다고 해요.

✒️ 화이트 햇 해커를 하려면 무엇을 준비해야 할까요?

화이트 햇 해커가 되기 위해서 가장 먼저 필요한 것은 컴퓨터 언어와 해킹 기법에 대한 공부이겠지요. 화이트 햇 해커는 학력보다는 실력을 더 우선시하는 분야이기 때문에 개인적으로 실력을 쌓는 것이 선행되어야 하지만 컴퓨터공학, 전자공학, 디지털 정보 보안 등 관련 학과를 전공하는 것도 매우 유리해요. 또한 컴퓨터 프로그램을 만드는 데 필수인 수학이나 암호학을 전공하는 것도 매우 도움이 되지요. 화이트 햇 해커가 되기 위해 반드시 대학에 가야만 하는 것은 아니에요. 독학을 하거나 관련 기관에서 교육을 받을 수도 있어요. 우리나라에서는 한국인터넷진흥원(KISA)에서 2013년부터 시행해 오고 있는 '정보보안기사'와 '정보보안산업기사' 국가 자격증 제도도 운영하고 있어 정보보안 분야로 진출할 수 있는 발판을 마련해 주고 있지요.

화이트 햇 해커에 관심이 있다면 평소에 c언어, 리눅스, 자바스크립트 등 컴퓨터 언어에 관심을 가지고 공부해 보는 것도 좋아요. 또한 네트워크, 프로그래밍, 데이터베이스, 서버, 운영체재 등 다양한 분야에 관심을 가지고 공부해 보길 바라요. 기회가 된다면 각종 청소년들이 참가할 수 있는 해킹대회에 나가서 실력을 쌓고 경험해 보는 것도 아주 좋은 방법이지요.

화이트 햇 해커는 공격과 방어를 능숙하게 할 줄 아는 능력을 갖추어야 된다고 해요. 하지만 이런 실력은 하루아침에 만들어지는 것이 아니며 지속적인 관심과 끊임없는 노력이 밑받침되어야 해요.

마지막으로 화이트 햇 해커가 되기 위해 무엇보다 중요한 것은 '공익'을 생각하는 마음이에요. 크래커와 화이트 햇 해커는 동전의 앞뒷면 같은 것일지도 몰라요. 왜냐하면 모의해킹을 할 때에는 진짜 크래커가 된 것처럼 그들의 생각과 마음을 읽어 내야 하기 때문에 만약 실력 있는 화이트 햇 해커가 조금만 나쁜 마음을 먹는다면 크래커가 되는 건 시간문제이겠지요.

실제로 수많은 화이트 햇 해커들이 과거에 크래커로 활동하다가 마음을 고쳐먹고 화이트 햇 해커가 된 경우도 많았어요. 전설적인 크래커였던 케빈 미트닉는 13세부터 해킹을 시작해 미국 국방부와 NASA, 모토로라, 썬, 노벨, 퀄컴 등 유명한 국가기관과 기업들을 손쉽게 해킹했어요. 악명 높은 크래커로 유명했던 케빈 미트닉은 실형을 선고받고 여러 번 감옥을 드나들었음에도 20여 년 동안 많은 기업과 기관들을 곤경에 처하게 했어요.

수배령이 내려 오랜 기간 FBI에게 쫓겨 다니다가 1995년 체포가 되었어요. 그는 5년간 복역한 후 지난날의 과오를 반성하고 보안업체를 설립하였으며 지금은 화이트 햇 해커로서 많은 기업에 보안 관련 컨설팅 사업을 하고 있다고 해요.

케빈 미트닉의 사례를 보더라도 화이트 햇 해커의 가장 중요한 마음가짐은 공익을 지키고자 하는 사명감과 도덕심이라고 생각해요. 이러한 사명감과 도덕심이 마음의 중심에 자리 잡고 있지 않다면 수많은 유혹에 금방 넘어가게 될 거예요.

☆ 화이트 햇 해커의 전망은 어떤가요?

우리나라 사람들을 충격에 빠뜨렸던 2009년 '7·7 DDoS 사건', 2011년 '농협 전산장애 사건' 등을 통해 사람들은 정보보안의 중요성을 다시 한 번 깨닫게 되었어요. 그럼에도 불구하고 해외에 비해 우리나라는 화이트 햇 해킹에 대한 인식이 안 좋은 편이에요. 왜냐하면 보안의 취약점을 찾아내는 화이트 햇 해킹과 크래킹에 대한 정확한 인식이 정립되지 않았고 기업들 또한 화이트 햇 해킹에 대한 중요성을 잘 알지 못했기 때문이지요.

그래서 안타깝게도 실력 있는 화이트 햇 해커들이 해외의 유수 기업들로 빠져나가고 있기 때문에 많은 전문가들이 한국의 정보보안 분야에 대한 실질적인 대안을 제시해야 한다고 목소리를 높이고 있어요.

구글의 '프로젝트 제로' 팀에서 활동하고 있는 이정훈 해커는 천재 해커라고 불리울 정도로 훌륭한 실력을 지녔으며 2013년 세계 최고의 해킹대회인 '데프콘'에서 3등, 2015년 '데프콘 캡처더플래그(DEFCON CTF) 23'에서 한국의 'DEFKOR' 팀을 이끌어 아시아 최초로 우승했어요. 이 밖에도 홍민표, 박찬암, 구사무엘 등 세계적으로도 인정받고 있는 한국 출신 해커들이 많이 있어요.

이렇게 훌륭한 실력을 가진 화이트 햇 해커들이 있음에도 불구하고 미국이나 중국 등에 비해 그 인력이 상대적으로 적으며 정보보안의 심각성이 우려되고 있는 것이 우리나라의 안타까운 현실이에요. 전 세계적으로 벌어지고 있는 크래커들의 불법 행동이 중요한 국가안보를 위협하는 사건들이 많이 벌어지면서 정부는 그 심각성을 인지하고 2013년 화이트 햇 해커 양성에 힘을 쓰기 시작했어요.

미래창조과학부는 2020년까지 사이버 보안 전문 인력 7000명 양성을 목적으로 한 '사이버 시큐리티 인력 양성 종합계획'을 발표하고 2017년 사이버보안 인력 육성을 위한 종합 컨트롤 타워인 '사이버 보안 인재개발원(가칭)'을 설립해 여기저기 흩어져 있는 정부의

IT의 세계에서 보안은 갈수록 중요해지고 있어요.

보안 안보 관련 교육을 한 곳으로 모으고 잠재-예비-전문-최고 인재 등의 전 과정에 걸친 전문인력 양성 추진을 계획하고 있다고 해요.

미래창조부에서 만든 '보안리더 양성 프로그램'의 교육생들이 중심이 되어 꾸려진 DEFKOR팀은 2016. 2017년 연속 세계 해커 월드컵이라고 할 수 있는 '데프콘' 대회에 나가서 꾸준하게 순위권과 본선 진출권을 따내며 우수한 성적을 내고 있다고 해요.

우리의 생활환경은 빠르게 디지털화되고 있으며 모든 정보는 네트워크를 통해 움직이고 있지요. 이러한 사회 환경의 변화에 따라 불법적인 크래킹 또한 엄청나게 늘어나고 있으며 수법 또한 다양해지고 지능화되고 있는 추세예요. 그래서 사이버 보안의 필요성은 점점 증가하고 있고 화이트 햇 해커의 중요성 또한 매우 높아져 가고 있어요.

4차 산업의 발달과 비례하여 전문 인력이 절실히 요구되는 화이트 햇 해커! 이들에게 거는 기대와 전망은 더욱 더 커져 가게 될 거예요.

디지털 포렌식 전문가

⁇ 디지털 포렌식 전문가는 무엇인가요?

법적인 절차를 지켜 컴퓨터와 디지털기기 및 사이버상에 기록된 각종 데이터에서 범죄의 증거를 찾아내 복구하고 분석하여 법적인 증거자료로써 인정받을 수 있도록 도움을 주는 일을 하는 전문가를 말해요.

'포렌식'은 영어로 'Forensic'이라 표기하며 '법의학적인'이라는 뜻을 가지고 있어요. 그래서 법의학을 'forensic medicine'이라고 하며 법의학을 다루는 법의학자들을 'Forensic scientist'라고 하지요.

디지털 포렌식 전문가들은 의료적인 증거가 아닌 디지털 증거를 제출한다는 것이 법의학자들과는 다른 점이에요.

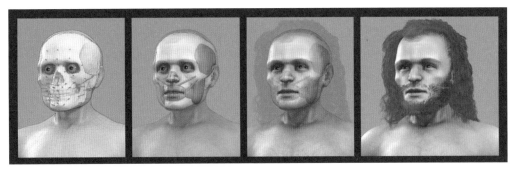

뼈대에 여러 가지 정보를 넣어 작성한 초상화.

💡 '디지털 포렌식'이란 무엇인가요?

디지털 포렌식digital forensic이란 컴퓨터나 각종 디지털 저장장치 혹은 사이버상의 기록 등 디지털화되어 있는 데이터 중에서 증거가치가 있는 데이터를 찾아내어 수집하고 분석한 뒤 법정에 제출하여 재판 종료 시까지 증거자료로 인정받을 수 있도록 하는 절차와 방법을 말해요.

디지털 포렌식 분석방법은 인터넷과 디지털기기의 보급으로 새롭게 등장한 기술이에요. 디지털 기술로 4차 산업의 발전과 함께 성장하고 있는 분야이기도 하지요.

보통 사건 현장에서 발견한 스마트폰에서 당시의 통화 내역과 동영상, 전화번호부, 카카오톡 기록 등을 디지털 포렌식 방법을 통해 복원해 냄으로써 사고 당시의 상황과 사고 경위를 알아내는 데에 큰 도움을 주고 있다고 해요.

또한 요즘과 같은 스마트기기와 인터넷을 떠나서 살아갈 수 없는 사회환경 속에서는 디지털 포렌식 기술의 활용은 굉장히 다양한 분야에 걸쳐 나타나고 있어요. 그렇다면 지금부터 디지털 포렌식 기술이 어떤 분야에 활용되고 있는지 그 사례들을 살펴볼까요.

범죄 수사 분야

디지털 포렌식 기술을 사용하는 가장 대표적인 분야는 경찰청, 검찰청, 국정원, 국방부 등의 수사기관이에요. 우리나라에서 가장 많은 디지털 포렌식 전문가가 활동하고 있는 곳은 경찰청이에요. 경찰청은 사이버 수사요원이라는 이름으로 특채를 통해 많은 디지털 포렌식 전문가를 채용하며 각종 사이버 범죄에 대응하고 있어요.

검찰청에서도 하고 디지털 포렌식 센터^{DFC, Digital Forensic Center}를 설립하고 압수·수색 및 증거분석지원을 위해 활발히 운영하고 있으며 컴퓨터 포렌식, 모바일 포렌식, 네트워크 포렌식, 특수분석, 통화계좌 분석 등의 다양한 디지털 포렌식 업무지원과 교육을 하고 있다고 해요.

특별사법경찰 분야

특별사법경찰이란, 검찰로부터 지명받은 수사에 대해서만 수사자료 조회, 피의자 신문, 송치, 체포를 할 수 있는 권한을 가지는 행정공무원을 말해요. 이러한 특별사법경찰이 활동하는 곳은 국세청, 관세청, 공정거래위원회, 저작권위원회, 중앙선거관리위원회, 식약청, 등이 있어요.

디지털 포렌식 기술을 적용하여 탈세를 위한 장부조작, 계약서 및 회의록,

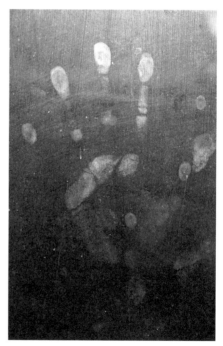

범인의 흔적은 어떻게 찾을까요?

증빙자료 등의 위조를 판독하며 탈세방지에 적극적으로 이용하고 있다고 해요.

관세청은 2011년 과학수사센터를 설립하고 2012년 7명의 디지털 포렌식 분석관을 지정하여 사이버 불법거래나 밀수범죄 등에 큰 성과를 올리면서 모든 조사업무에 디지털 포렌식 방법을 적극적으로 활용할 계획이라고 합니다. 또한 지역에 있는 세관별로 최첨단 디지털 포렌식 장비 도입을 완료하고 전문인력들로 운영하고 있다고 해요.

물에 빠지거나 부서진 스마트폰에서도 중요한 증거를 찾을 수 있어요.

공정거래위원회는 2017년 '디지털 조사분석과'를 출범시켜 디지털 포렌식팀의 조직인원을 대폭 늘리고 전문인력을 채용해 기업들 간의 담합과 관련 컴퓨터 하드디스크의 증거인멸·조작과 기업 내부 통신망 차단, 보관자료 포맷. 디지털 기기 훼손 등의 다양한 수법을 디지털 포렌식 기술로 조사하고 있어요.

민간기업 및 회계, 법무법인 분야

민간 회계나 법무를 담당하는 회사에서도 디지털 포렌식 기술에 대한 관심이 갈수록 높아지고 있어요. 모든 회사의 회계장부는 디지털화되어 저장되기 때문에 회계상 문제가 발생했을 때 회계 데이터의 복구 및 회계자료의 투명성을 확보하기 위해 디지털 포렌식 기술을 이용하기 시작했으며 법무법인 또한 증가하고 있는 디지털관련 사건 등을 해결하고 디지털 자료의 증거확보를 위해서 디지털 포렌식 기술을 다루는 전문가를 필요로 하고 있다고 해요.

민간 기업에서는 감사실과 보안팀에서 보안강화, 기밀유출차단, 침해사고(해킹, 컴퓨터바이러스, 메일폭탄 등) 등의 디지털 사고를 예방하기 위해서 디지털 포렌식 전문가를 채용하고 있다고 해요.

이디스커버리 분야

이디스커버리^{eDiscovery} 제도는 미국을 비롯한 영국, 유럽 여러 나라에서 '이디스 커버리제도'를 실시하고 있기 때문에 해외로 진출하는 많은 한국기업들에게 예기치 않게 벌어지는 국제 소송에서 디지털 포렌식 기술은 매우 유용하게 쓰이게 될 거예요. 투명한 전자증거 개시를 위한 e-Discovery를 수행하기 위해서는 디지털 포렌식 기술을 이용한 정보 수집과 분석이 많은 도움을 주게 될 것이며 그런 점에서 디지털 포렌식 기술에 대한 관심은 더 높아지고 있어요.

💬 디지털 포렌식 전문가가 하는 일은 무엇일까요?

디지털 포렌식 전문가가 하는 일은 증거의 수집·복구·분석·제출이라는 4단계를 거친다고 해요. 첫 번째는 '수집' 단계에요. 사건이 발생한 현장에 도착하여 증거를 수집할 때에는 증거물이 훼손되지 않도록 주변을 통제하고 '무결'하게 하드디스크나 저장매체를 확보 봉인한다고 해요. 여기에서 '무결'이라는 것은 수사기관이 압수수색을 할 때 입회자로 동행하여 증거물 추출 시 변조나 위조 없이 법적 절차에 맞게 수집·동행하여 추출되었음을 확인 서명해 주는 절차 등을 말하는 것이에요.

디지털 포렌식 전문가는 사이버 세계의 범죄를 쫓는 일을 해요.

두 번째는 '복구' 단계에요. 이 과정은 절차에 따라 무결하게 수집한 데이터를 디지털 포렌식 기술을 이용하여 복구하는 단계에요. 수집한 데이터에서 수사에 관련된 정보만을 추출한 후 손상 파일 복원, 암호 파일 해독 등 매우 과학적인 컴퓨터 분석방법을 사용하여 원상복구하는 단계라고 해요.

세 번째는 증거분석 단계에요. 수집한 데이터의 위조 여부, 피의자의 데이터가 맞는지 여부, 법적 증거 자료로서의 효력 여부 등을 면밀하게 분석하는 단계라고 해요. 이 증거분석을 철저하게 하지 않으면 법정에서 수집한 데이터가 증거로서의 효력을 갖지 못할 수 있으며 재판의 성패에 큰 영향을 줄 수도 있기 때문에 매우 꼼꼼하고 신중하게 이루어져야 하는 작업이라고 해요. 이 과정에서 디지털 포렌식 전문가는 디지털 포렌식 기술뿐만이 아니라 법적인 지식도 가지고 있어야 해요. 수집한 자료가 법적으로 효력을 가지고 있는지에 대해서 알아야 하기 때문이지요.

마지막으로 증거제출 단계에요. 증거제출은 지금까지 수집되어 복구, 분석된 데이터가 위·변조된 것이 아니며 디지털 포렌식 표준절차에 맞게 수행되었는지 디지털 포렌식에 사용된 기기와 도구들에 대한 검증을 거쳐 법정증거로서 신뢰성을 입증하는 단계에요.

이러한 4단계를 거쳐 수집한 디지털 증거들이 법정증거로 인정될 수 있도록 하는 것이 디지털 포렌식 전문가들이 하는 가장 핵심적인 일이라고 해요.

✍ 디지털 포렌식 전문가가 되려면 무엇을 준비해야 할까요?

디지털 포렌식 전문가는 정보통신과 4차 산업의 발달로 인해 발생한 직업이에요. 컴퓨터 공학과 법적인 지식 그리고 인문학적 소양도 필요한 융합학문이기 때문에 디지털 포렌식을 공부하고 싶다면 컴퓨터뿐만이 아닌 법에도 관심을 가지고 다양한 분야의 책도 많이 읽어야 해요.

아직 우리나라에는 직접적인 관련 학과는 없으나 컴퓨터 공학이나 IT관련 대학, 하드웨어, 정보통신 보안 등을 전공하면 유리하겠지요.

유사한 관련 전공학과와 대학원으로는 경기대학교 산업기술보호특화센터, 호원대학교 사이버수사경찰학부, 광주대학교 사이버보안경찰학과, 군산대학교 디지털 포렌식 전공, 영산대학교 사이버경찰학과, 한국IT전문대학 사이버포렌식학과 등이 있으며 대학원으로는 고려대학교 정보보호 대학원, 동국대 국제정보대학원이 있어요.

또한 법학을 전공하고 관련 교육기관에서 사이버 포렌식 기술을 배우는 방법도 있어요. 현재 우리나라에는 2003년에 사이버 포렌식 협회가 설립되어 2013년에는 미국과 한국에서만 이루어지는 사이버 포렌식 '국제공인자격증'을 만들었다고 해요. 한국 커리큘럼을 국제공인자격증에 반영하여 국제표준화에 기여했고 사이버 포렌식 국제 전문가를 양성하고 있다고 해요.

부서진 핸드폰도 전문가는 복구가 가능해요.

각 수사기관이나 기업체에서도 디지털 포렌식 기술에 대한 중요성과 필요성을 느끼고 연구소 설립 및 인재양성을 하기 시작하고 있으니 전공을 하지 않더라도 관심을 가지고 지속적으로 공부한다면 실력을 충분히 쌓을 수 있는 길은 많이 열려 있을 것으로 생각돼요.

디지털 포렌식 기술은 계속 새롭게 발전하고 있기 때문에 디지털 포렌식 전문가는 기술적인 부분에 대한 지식뿐만이 아니라 찾아낸 디지털 증거의 효력을 재판에서 논리적으로 설명할 수 있어야 하며 보고서로 제출도 해야 하기 때문에 재판에 대한 이해와 글쓰기 능력, 법적인 전문 지식, 설득력 있는 언변 그리고 재판을 하는 사람들의 마음을 읽을 줄 아는 통합적인 사고가 필요한 일이라고 해요.

평소에 컴퓨터와 법의학에 관심이 많다면 디지털 포렌식이라는 새로운 영역에 관심과 호기심을 가지고 다양한 분야의 책을 읽고 공부하길 바라요. '모든 접촉은 흔적을 남긴다'라는 프랑스 법의학자 '에드몽 로카르'의 말처럼 평소에도 많은 사회현상에 관심을 가지고 다각적으로 분석하는 자세를 가진다면 디지털 포렌식 전문가의 길에 점점 더 다가갈 수 있을 거예요.

⭐ 디지털 포렌식 전문가의 전망은 어떤가요?

4차 산업의 발전은 많은 분야에 큰 변화를 몰고 왔어요. 특히, 사물인터넷의 성장은 수많은 디지털 기기 간의 연결로 이어져 방대한 양의 빅데이터를 만들어 내고 있어요. 또한 사물 간에 주고 받는 모든 정보는 디지털화되어 어디엔가 저장되고 있지요. 이러한 정보통신 사회의 발전이 진행될수록 사이버 범죄의 발생률이 높아질 것이며 시간이 흐를수록 더 지능화되고 다양한 수법이 사용될 거예요.

아직 우리나라에서는 디지털 포렌식 기술을 필요로 하고 전문가를 채용하는 곳은 수사기관이 대부분이지만 앞으로 디지털 포렌식 기술은 다양한 분야에 응용될 것으로 전망돼요.

4차 산업혁명이 진행될수록 디지털 포렌식 전문가들의 필요성과 활동무대는 무궁무진할 거라고 예상되는데요. 우리나라의 형사사소송법 313조 1항에서는 '진술한 내용이 포함된 문자·사진·영상 등의 정보로서 컴퓨터용 디스크, 그밖에 이와 비슷한 정보저장매체에 저장된 것을 포함한다' 그리고 2항에는 '공판기일에서 그 성립의 진정을 부인하는 경우에는 과학적 분석결과에 기초한 디지털 포렌식 자료, 감정 등 객관적 방법으로 성립의 진정함이 증명되는 때에는 증거로 할 수 있다'라고 명시하고 있어요.

이러한 법제정을 통해 이제 디지털 포렌식에 의한 증거는 법적으로 당당하게 인정받게 되었으며 앞으로 디지털 포렌식 전문가들의 활동 또한 공신력을 가지게 될 거라고 예상돼요.

우리는 '최순실 태블릿 사건' 등을 통해 디지털 포렌식 기술을 접하게 되었지만 디지털 포렌식 기술은 저장된 원본을 복구하는 것뿐만이 아니라 매우 다양한

사이버 범죄는 갈수록 지능화되어 가며 더 많아지고 있습니다.

분야에 응용될 수 있어요.

디지털 포렌식의 종류로는 컴퓨터 포렌식, 모바일 포렌식, 네트워크 포렌식, 회계 포렌식, 의료 포렌식, 푸드 포렌식, 침해사고 대응 등 디지털화되어 있는 데이터가 사용되고 있는 분야라면 모든 분야에 적용될 수 있다고 해요.

기존의 수사기관뿐만이 아니라 앞서 이야기했듯이 민간기업에서도 국제 특허 소송문제를 해결하기 위한 이디스커버리나 각종 기술소송 등에 디지털 포렌식 전문가들의 필요성이 대두되고 있어요. 또한 많은 전문가들은 '디지털 포렌식 서비스'나 포렌식 장비대여 및 디지털 포렌식 컨설팅 등 민간분야로 진출가능성 이 매우 높은 직군이 될 거라 전망하고 있어요.

앞으로 우리는 열심히 작성했던 레포트를 다 날려버리거나 물에 빠진 노트북 을 들고 '디지털 포렌식' 전문업체에 방문해서 데이터를 복구하게 될 거예요.

이러한 여러 가지 사회적 요구와 법적인 변화에 의해 디지털 포렌식 전문가의 수요와 전망은 매우 밝다고 할 수 있어요.

웨어러블 전문가

웨어러블전문가란 무엇일까요?

몸에 착용하는 형태의 웨어러블 디바이스와 IT 기술을 접목하여 사용자의 편의를 위해 다양한 제품을 개발하는 전문가를 말해요.

웨어러블무엇인가요?

우리가 가장 빨리 떠올릴 수 있는 웨어러블은 바로 영화 '아이언 맨'의 특수 웨어러블 로봇일 거예요. '아머'라고 불리우는 이 웨어러블 로봇은 평범한 인간인 토니 스타크(주인공)를 극강의 힘을 자랑하는 영웅으로 변신시켜 주지요.

웨어러블은 쉽게 말해 몸에 착용하는 컴퓨터에요. 정보통신 기술이 발전하면서 몸에 착용하는 웨어러블이 스마트 기기들과 연결되면서 다양한 웨어러블 디바이스(특정기능 수행장치)들이 개발되고 있어요.

현실에서 최고 수준의 웨어러블은 우주복이라고 해요. 우주복은 단순히 우주인들의 몸을 보호하기 위해 설계된 것뿐만이 아니라 그 안에 우주인들의 다양한 신체활동과 헬스 정보들을 담고 있어요. 그래서 열악한 우주환경에서 성공적인 작업을 할 수 있도록 많은 웨어러블 장치가 담겨져 있다고 해요.

그렇다면 이런 웨어러블은 언제부터 발달해 온 것일까요?

생각보다 웨어러블의 역사는 긴 편이에요. 시계나 신발에 카메라와 계산기를 장착하여 간단하게 쓸 수 있는 단순한 기능으로 시작된 웨어러블은 1990년대에 접어들면서 산업에 본격적으로 적용되기 시작했어요. 유, 무선망의 발달로 언제 어디서나 컴퓨팅이 가능한 유비쿼터스 시스템이 시작되고 전자기기들이 작고 가벼워지면서 사람들은 어떤 장소에서도 컴퓨터와 연결 가능하게 되었어요.

산업에 적용되던 웨어러블은 2000년대 초반 의료와 엔터테인먼트로 확장되기 시작했어요. 또한 무선기술과 정보통신 기술이 발전하면서 조금 더 인간의 삶 속으로 들어오게 되지요.

우리의 건강을 체크하고 스케줄을 관리해 주는 스마트 워치.

세계적인 청바지 브랜드인 리바이스와 전자업체인 필립스가 함께 만든 최초 웨어러블 자켓인 ICD+, 블루투스 헤드셋, 나이키와 아이팟이 공동개발한 Nike+iPod(움직임을 아이팟에서 자동으로 동기화) 등이 이 시기에 출시되었다고 해요.

2010년대에 들어서면서 스마트폰의 보급 확산으로 웨어러블 디바이스와 스마트폰과의 연결이 가능해지면서 스마트폰은 웨어러블 디바이스들을 컨트롤하는 중심매개체로 활용되기도 해요.

이러한 무선통신기술과 웨어러블 디바이스가 다양해짐에 따라 헬스, 의료, 패션, 공연, 전자기기 등으로 웨어러블 디바이스 기능이 확장되어 다양한 사물인터넷 시대를 예고하게 되지요. 이 시기에 발표되어 사람들의 관심을 끌었던 대표적인 제품으로 2014년 발표된 구글글래스와 애플워치 등이 있어요.

웨어러블 디바이스의 종류는 다음과 같아요

-엑서서리형   액세서리형 디바이스는 몸에 액세서리처럼 착용하는 형태의 웨어러블 디바이스이지요. 가장 대표적인 액세서리형 디바이스는 스마트 워치가 있어요. 애플워치나 삼성기어, 패블스틸 등이 대표적인 스마트 워치 중 하나에요. 손목에 두르는 밴드 타입의 헬스케어 제품이나 구글글래스와 같은 안경 스타일, 블루투스 헤드셋, 장애인과 노령자들의 보행보조 및 산업현장에서 무거운 물건을 손쉽게 들어 올릴 수 있도록 제작된 웨어러블 로봇 등이 있지요.

-직물, 의류 일체형   직물 안에 센서를 부착하여 의류 형태로 만들어 입는 웨어러블이에요. 보통 의류 안에 미세한 센서가 부착 되어 있고 스마트폰과 연결되어 조작도 가능해요. 옷감 안에 LED 센서를 부착하여 옷에 글자나 무늬가 나오는 LED패션, 지퍼를 열면 옷에서 음악이 나오는 입는 mp3 자켓, 정장을 입고도 활동이 편하도록 만들어 주는 스마트 슈트, 사용자의 걸음의 패턴을 분석해주는 스마트 신발 등 다양한 웨어러블 패션이 있어요.

웨어러블 기술 가젯 인포그래픽

웨어러블 안경

이어 웨어러블

E-BOOK

스마트 워치

피트니스 밴드

스마트폰

휴대용 충전기

스마트 양말

혁신적인 기술 개발로 우리가 사용하게 될 웨어러블 도구들.

-신체부착형 신체부착형은 몸에 부착하여 사용하는 형태의 웨어러블 디바이스에요. 의료 장비등에 많이 쓰이며 통증완화와 근육치료 등에 이용되는 패치와 심장, 근육 등의 신호측정에 쓰이는 전자문신이 있어요.

-생체 이식형 몸 안에 칩을 이식하는 형태나 미세한 크기로 제작되어 몸에 부착되는 형태의 웨어러블로 당뇨병 지수를 측정하는 콘텍트렌즈, 체지방이나 혈관 이상을 탐지하거나 미세 암세포를 제거하는 칩 등 다양한 생체이식형

웨어러블을 연구 개발 중이라고 해요. 또한 3D 프린터의 발달로 플라스틱을 이용한 조직, 세포, 뼈, 피부 등을 만들어 장기이식을 위한 연구도 매우 활발하게 진행 중이라고 해요.

💬 웨어러블 전문가가 하는 일은 무엇일까요?

웨어러블 전문가는 사용자의 요구에 적합한 웨어러블 디바이스를 기획하는 일을 해요. 적용하고자 하는 분야에 최적화된 디바이스를 어떻게 어떤 형태로 만들 것인지를 기획, 설계하고 프로그램을 하지요.

웨어러블 디바이스를 만드는 것은 한 사람의 힘만으로는 어려운 작업이에요. 센서, 디자인, 소프트웨어 프로그래밍 등 수많은 영역의 웨어러블 전문가들이 모여 함께 작업해야 하기 때문에 많은 사람들과 의견 조율을 위한 소통도 잘 이루어져야 해요. 또한 만들어진 웨어러블 디바이스가 잘 작동하는지 테스트를 하고 오류를 찾아내어 개선하는 일도 하지요.

✒️ 웨어러블 전문가를 하려면 무엇을 준비해야 할까요?

웨어러블 전문가는 다양한 분야에 활용될 수 있는 웨어러블 디바이스를 개발하기 위해 많은 분야에 관심을 가지고 있어야 해요. 통신 공학, 컴퓨터 공학, 전기, 전자 공학, 제어계측 공학, 기계 공학, 소프트웨어 공학, 프로그래밍 언어 등 굉장히 다양한 분야에 대한 이해가 필요해요.

하지만 무엇보다도 웨어러블 전문가에게 필요한 것은 첫째, 창의적인 아이디

관심 분야에 따라 웨어러블의 영역은 무궁무진해요.

어에요. 웨어러블 전문가는 사용자의 요구에 의해 웨어러블 디바이스를 기획 설계하기도 하지만 사용자의 요구보다 한발 앞서 새로운 영역을 개척하는 일도 필요하거든요.

두 번째 웨어러블 전문가는 기술적인 능력에 앞서 인간의 삶에 대한 폭넓은 이해가 필요해요. 웨어러블 디바이스는 단순한 장치가 아닌 4차 산업의 핵심이라 할 수 있는 사물인터넷의 확장된 형태로, 인간의 삶 전반에 들어가게 되기 때문이에요. 그리고 인간과 아주 밀접하게 소통하는 특수성을 가지게 될 것이라 기대되고 있지요. 그러한 이유로 웨어러블 전문가는 기술적인 공부뿐만 아니라 이 기술이 쓰어질 인간의 삶에 대한 이해가 먼저 이루어져야 해요. 그렇지 않으면 웨어러블 디바이스는 쓸모없는 기계로 외면당할지도 몰라요.

실제로 그동안 많은 웨어러블 디바이스들이 기대 속에 출시되었으나 기대에 못 미치는 성능으로 인해 사용 중단을 맞는 일도 있었지요.

웨어러블 전문가를 꿈꾸고 있다면 이를 위해서는 수학과 과학, 코딩 등 관련 공부를 지금부터 준비해야 해요. 그러한 공부와 더불어 인문학 공부도 잊지 않았으면 좋겠어요. 왜냐하면 결국 이 모든 기술은 인간의 삶을 향상시키기 위한 기술들이며 인간을 이해하지 못하는 기술은 발전 할 수 없기 때문이지요.

⭐ 웨어러블 전문가의 전망은 어떤가요?

미국의 BCC Research사는 웨어러블 디바이스 시장이 2018년 303억 달러 규모로 연평균 43% 성장할 것으로 예상했고 미국 실리콘벨리 무역관 또한 2030년 스마트폰의 70%가 스마트 워치로 대체 될 것이라고 전망했어요.

현재 웨어러블 시장을 선도하고 있는 나라는 미국이에요. 가장 많이 사용되고 있는 웨어러블 제품으로는 스마트폰과 연동되어 있는 시계 형태의 스마트 워치와 밴드 타입의 헬스 관련 제품이 대다수로 인기를 끌고 있지요.

전문가들의 관심 영역에 따라 의료, 국방, 산업, 교육, 스포츠, 의료, 헬스, 여행 등 생활 모든 전반에 걸쳐 전문적인 웨어러블 디바이스가 개발되고 있으며 앞으로 확대될 영역 또한 무궁무진해요. 그만큼 웨어러블 전문가는 자신의 전문 분야를 개척하고 연구해야 해요.

아직 웨어러블 디바이스는 우리가 거는 기대만큼 기술적으로 뒷받침이 되지 못하고 있지만 수많은 기업에서는 앞으로의 발전에 매우 큰 기대를 하고 있어요. 또한 이제 시작 단계이니 만큼 많은 웨어러블 전문가들이 꾸준히 연구 개발해야 할 영역이 많아 앞으로 기대와 전망이 매우 큰 분야에요.

자율주행 자동차 엔지니어

❓ 자율주행 자동차 엔지니어란 무엇일까요?

자율주행차가 스스로 인지, 판단, 제어 할 수 있는 기술을 연구 개발하는 엔지니어를 말해요.

💡 자율주행 자동차란 무엇인가요?

자율주행차는 주변 환경을 인지, 판단하여 스스로 동작을 제어하는 자동차를 말해요. 영화 '트랜스포머'에서는 사람처럼 말하고 스스로 판단하는 변신 자동차 로봇이 나오지요. 정말 영화 속 주인공인 변신 자동차들처럼 스스로 판단하여 완벽하게 주행이 가능한 차가 있다면 어떨까요? 상상만 해도 아주 신기하고 멋지죠?

자율주행차를 스스로 움직이게 하는 시스템은 크게 3가지 기술이 필요하다고 해요.

주변 환경을 인지하는 기술, 인지 정보를 판단하는 기술, 판단된 정보를 기초로 자율주행차가 스스로 수많은 장치를 제어할 수 있는 제어기술이에요.

자동차의 편리한 기능은 어디까지 가능해질까요?

이 3가지의 기술 안에는 완성차, 인공지능, 빅데이터, 사물인터넷 등 수많은 세부기술이 들어가 있으며 또한 소프트웨어 프로그래머, 센서개발자, GPS. 인공지능 전문가, 레이더 엔지니어, 로봇 공학자 등 다양한 분야의 전문가와 엔지니어가 필요해요. 그래서 자율주행차는 4차 산업의 핵심 기술들이 모두 집약되어 있는 '4차 산업의 꽃'이라고 불리울 수 있는 영역이지요.

트랜스포머의 능력 레벨은 얼마?

미국 도로교통안전국^{NHTSA}은 자율주행 자동차 기술단계를 5단계로 구분하고 자율주행차의 기술 정도를 판가름할 수 있는 지표로 삼고 있어요. 그럼 이제부터 자율주행차의 기술 단계를 알아볼까요?

Level 0

이 단계는 자율 주행 기능이 전혀 없는 일반 자동차를 의미해요.

Level 1

한 가지 자동 제어기능만 적용되는 단계를 말해요. 이 단계에서는 운전의 모든 컨트롤은 운전자가 하며 자동차는 보조적인 역할만 하는 단계에요. 이 단계의 기능들은 이미 상용화되어 있는 것이 많아요. 그 예로는 브레이크 조작을 하지 않아도 앞차와의 일정한 간격을 유지해 주는 기능, 차선을 이탈했을 때의 경보음, 운전자의 부주의로 브레이크를 밟지 못할 때 자동으로 브레이크가 작동하여 멈추는 기능, 운전자가 원하는 속도를 입력하면 일정한 속도를 유지해 주는 기능 등이 있어요.

Level 2

이 단계는 앞에서 말한 1단계에 해당하는 자동화 기능들이 두세 가지가 복합적으로 적용되어 있는 단계를 말해요. 쉽게 말하자면, 1단계의 자동차는 일정 속도를 유지하는 기능 하나만 제어할 수 있는 단계였다면 2단계의 자동차는 일정속도를 유지하면서 앞 차가 브레이크를 밟으면 자동으로 속도를 줄였다가 다시 앞 차와의 간격이 벌어지면 속도를 내는 복합적인 자동 제어가 가능한 단계를 말해요.

여전히 사람이 운전 컨트롤을 하며 자동차는 보조적인 역할을 할 뿐이에요. 이 단계에 해당하는 상용차는 테슬라의 '오토파일럿 시스템'이 있어요.

Level 3

3단계에서는 운전 컨트롤의 대부분이 자동차에게 넘겨진 상태라고 생각하면 돼요. 자동차 스스로 도로 상황을 인지하고 판단하여 자율운행을 하는 단계에요. 사람은 이제 자동차에게 운전을 맡기고 장거리 운전에서 밀려오는 피로감을 풀기 위해 편안한 잠을 잘 수도 있고 그동안 밀렸던 드라마를 볼 수도 있지요.

자동차가 스스로 운전하는 것은 안전할까요?

하지만 모든 것을 자동차에게 맡길 수 있는 단계는 아직 아니에요. 이 단계는 모든 도로에서 자율주행을 할 수는 없어요. 자동차 전용도로라든가 허가된 특정도로에서만 자율주행이 가능하거든요. 긴급상황이나 돌발상황 혹은 자동차가 대처할 수 없는 상황에서는 경보음을 통해 운전자가 개입해야 하는 단계로 제한적 자율주행 단계라고 할 수 있지요.

현재 자율주행차를 연구하고 있는 기업들이 3단계에 머물러 있으며 대표적인 기업으로는 구글이 있어요.

Level 4

드디어 4단계에 도착했네요! 4단계는 완전 자율주행차 단계를 말해요. 주변 환경을 인지하고 스스로 판단하며 자동차의 모든 기능을 자동차 스스로가 자동 제어 하는 단계로 사람의 개입이 전혀 필요하지 않은 우리가 꿈꾸는 자율주행단계에요. 자율주행차에 대해서 긍정적으로 이야기하는 사람들은 2040년 이후가 되면 4단계의 자율주행차들을 도로에서 많이 보게 될 거라고 전망하고 있어요.

그렇다면 트랜스포머는 몇 단계 레벨일까요? 여기에는 없는 것 같다고요? 어쩌면 트랜스포머는 7단계 혹은 8단계 레벨일지도 몰라요. 하지만 중요한 것은 지금도 어디에선가는 트랜스포머와 같은 자동차를 꿈꾸는 많은 연구자들에 의해서 자율주행차가 열심히 발전하고 있다는 것이지요.

💬 자율주행 자동차 엔지니어가 하는 일은 무엇일까요?

자율주행 자동차 엔지니어는 다양한 영역의 전문가가 모여 일을 해요. 자율주행차는 자율주행차의 세 가지 주요 작동원리인 인지, 분석. 자동제어 분야에 필요한 각각의 전문가들의 협력이 있어야만 만들어질 수 있기 때문이지요.

자율주행차가 주변 환경을 인지하는 데는 GPS와 디지털 지도, 카메라 센서, 레이더 기술 등이 이용돼요. 그리고 인지된 주변환경을 분석하는 데에는 인공지능과 빅데이터 기술이 이용되지요. 자동제어는 로봇기술, 소프트웨어 프로그래밍 등이 이용되어요.

이 밖에도 수많은 기술이 포함되어 있기 때문에 자율주행 자동차 엔지니어는 자신의 전공 영역에 대한 전문 기술로 설계하고 연구하며 개발과 응용하는 일을 해야 하지요.

수백 번에 걸친 테스트와 분석을 반복적으로 해야 하는 일이 많기 때문에 자율주행차 엔지니어는 끊임없는 인내력과 분석력 등이 요구되는 일이에요.

🖋 자율주행 자동차 엔지니어를 하려면 무엇을 준비해야 할까요?

자율주행 자동차 엔지니어가 되기 위해서는 전기공학, 전자공학, 기계공학, 자동차 공학, 로봇공학, 컴퓨터 공학, 인공지능, 빅데이터, 레이더 센서 등 공학과 정보통신 관련된 학부에서 공부해야 해요. 그 후 대학원에 진학하여 자율주행차를 만드는 데 필요한 다른 학문들과 융합할 수 있는 메카트로닉스학(기계와 전자 기술을 융합한 학문)이나 소프트 융합학, 휴먼 ICT 융합학과 같은 다양한 융합학문을 심도 깊게 공부해야 해요.

요즈음 많은 대학에서는 융합학문과 관련된 학부와 대학원을 신설하고 그 기대 또한 커가고 있는 추세인데요. 그 이유는 다가오는 4차 산업의 핵심이 바로 '융합'에 있기 때문이에요. 모든 기존의 학문들이 정보통신 기술과 융합되어 새로운 기술로 창조되고 사회를 변화, 발전시키는 것이 바로 4차 산업혁명의 주된 변화이거든요.

자율주행차 엔지니어는 사람의 생명과도 연결되어 있는 분야이기 때문에 기술개발에 있어 매우 신중하게 다루어져야 할 영역이며 무엇보다도 고도의 전문성을 요구하기 때문에 그만큼 많은 공부를 해야 해요.

⭐ 자율주행 자동차의 전망은 어떤가요?

자율주행차 기술은 미국과 유럽이 주도하고 있어요. 현재 자율주행차의 선두에 서 있는 기업은 구글이에요. 구글은 2009년부터 자율주행차를 꾸준히 발전시켜 왔으며 2016년에는 웨이모라는 자회사를 설립 분리시켜 본격적인 자율주행차 연구를 시작했어요.

모든 정보가 자동차와 연결되어 교통이 통제되는 미래 사회를 상상해 보세요.

웨이모는 현재 자율주행차로는 최고의 기술을 확보하고 있으며 2017년도에는 완전자율주행 택시를 시범 운전하기도 했지요. 아직은 제한적인 도로에서 시범 운행하는 것으로 자율 주행차 레벨 3단계에 해당하지만 2021년까지 4단계 레벨의 완전 자율주행차를 목표로 기술 개발을 하고 있다고 해요.

세계에서 자율주행차를 선도하고 있는 나라는 미국이에요. 미국의 캘리포니아 주를 비롯해 미국의 미시건, 애리조나, 네바다, 플로리다, 펜실베이니아, 텍사스, 워싱턴, 콜로라도 주 등이 자율주행차의 도로테스트를 허용하고 자율주행차에 대한 적극적인 기대를 보이며 가능성을 인정해가고 있다고 해요.

미국은 자율주행차의 도로주행을 위한 법안 상정과 다양한 법률을 고치고 완화시킴으로써 다가오는 자율주행차 시대를 적극적으로 준비하고 있어요.

영국과 일본 또한 2017년과 2020년까지 자율주행차의 주행이 가능하도록

법을 개선하고 있다고 해요.

이렇듯 해외의 활발한 자율주행차에 대한 기술 개발과 법 개정 분위기에 발맞추어 우리나라 또한 2016년 자율주행차의 일부 도로주행을 조건부로 허가하는 '자동차관리법개정안'을 발의하여 시행함으로써 자율주행차의 법적인 규제완화를 위한 다양한 시도를 준비 중이라고 해요.

우리나라의 자율주행차 개발은 해외에 비해 5년 정도 늦게 시작되었지만 2010년대부터 현대자동차를 중심으로 자율주행차 연구가 활발히 이루어지면서 일부 상용차에 탑재되고 있다고 해요.

이렇듯 국,내외 국가기관과 완성차 업체들은 법률을 완화시키고 자율주행차의 주행이 가능한 환경을 만들기 위해 적극적으로 투자하고 노력하고 있는 분위기에요.

하지만 그동안 몇 건의 안타까운 사고로 인해 자율주행차에 대한 부정적인 시각이 있는것도 사실이에요. 자율주행차의 사고 시 책임의 소재와 보험 문제 등에 대해서 일정한 기준이 아직 정해지지 않은 것도 우려할 만한 점이며 해킹에 대한 대비를 얼마나 할 수 있는지에 대한 걱정도 상당히 많아요.

그럼에도 불구하고 자율주행차에 거는 세계적인 추세와 전망을 보면 자율주행차에 대한 우려보다는 긍정적인 면을 더 많이 생각하고 있으며 자율주행 자동차는 선택이 아니라 필수가 될 거예요.

앞으로 펼쳐질 4차 산업혁명시대의 꽃 자율주행차! 그리고 그 기술을 이끌어 갈 자율주행차 엔지니어가 될 여러분! 트랜스포머를 꿈꾸는 자율주행차의 멋진 미래를 기대해 봐도 될까요?

빅데이터 전문가

❓ 빅데이터 전문가란 무엇일까요?

국가기관이나 기업을 비롯한 개인이 수집한 방대한 양의 디지털 정보를 분석하여 사용자가 원하는 분야에 적용할 수 있도록 의미있는 정보를 찾아내는 분석 전문가를 말해요.

💡 '빅데이터'란 무엇인가요?

빅데이터란, 말 그대로 엄청나게 방대한 양의 데이터를 말하며 그 방대한 양의 데이터를 효율적으로 수집 분석하는 거대한 시스템이라고 이해하면 좋을 듯해요.

예전에도 데이터를 저장하는 데이터베이스는 있었어요. 그런데 빅데이터라는 새로운 이름으로 불리우는 이유는 무엇일까요. 그것은 빅데이터가 기존의 데이

4차 산업혁명 시대 가장 각광받는 직업 중 하나가 빅데이터 전문가라고 합니다.

터베이스와는 다른 특징이 있기 때문이에요.

그 특징 중 첫 번째는 데이터의 양이에요. 데이터의 용량을 살펴보면 가장 기본이 되는 비트에서부터 바이트, 킬로바이트(KB), 메가바이트(MB), 기가바이트(GB), 테라바이트(TB), 페타바이트(PB), 엑사바이트(EB) 순서로 구성되어 있어요. 빅데이터라고 하면 페타바이트 이상의 용량에 해당하는 데이터를 말해요.

컴퓨터는 사람의 말을 이해할 수 없어서 0과 1로 구성된 이진법 숫자의 형태로 이해하고 데이터를 저장해요. 이처럼 컴퓨터가 연산을 통해 쉽게 이해할 수 있도록 정리되어 있는 데이터를 '정형 데이터', 컴퓨터가 이해할 수 없는 형태의 데이터를 '비정형 데이터'라고 해요.

정형 데이터의 종류의 한 예로 우리가 흔히 볼 수 있는 엑셀파일을 들 수 있어요. 엑셀은 표계산을 하는 프로그램으로 컴퓨터가 이해할 수 있는 연산 가능한 수식 형태로 데이터가 정리되어 있지요.

비정형 데이터는 문서, 동영상, 사진, 웹 검색정보, SNS, 유튜브, 자연어(사람 언어) 등 엄청나게 많아요. 요즘은 인터넷과 스마트폰의 발달로 비정형 데이터의 수가 월등하게 많아지고 있어요. 또한 사물인터넷과 증강현실 등 4차 산업의 발달로 스마트 기기와 사물이 연결되면서 사물 간에 수집되는 비정형 데이터의 수가 폭발적으로 늘고 있지요. 어쩌면 요즘의 빅데이터는 넘쳐나는 비정형 데이터를 어떻게 수집, 분석할 것인가에 대한 연구가 대부분이라고 해도 과언이 아닐 거예요.

세 번째로 빅데이터는 엄청난 양의 데이터를 순식간에 처리할 수 있는 빠른 처리속도를 가져야 해요. 아무리 양질의 데이터를 분석해 낼 수 있어도 시간이 오래 걸리면 수집, 분석된 데이터가 적절하게 쓰일 수 없기 때문이죠.

마지막으로 빅데이터는 정보의 가치성이 있어야 해요. 정보의 홍수시대에 살고 있는 우리에게 의미 없이 던져지는 정보들은 오히려 피로감만 더해 주지요. 수많은 데이터 속에서 가치 있는 정보를 분석해 내는 것 또한 빅데이터의 특성 중 하나로 꼽혀요.

이런 빅데이터가 활용되는 분야는 너무나 많아서 헤아릴 수조차 없을 정도에요. 앞으로 사물인터넷과 인공지능, 웨어러블 기기의 발전이 가속화될수록 빅데이터의 활용 분야 또한 엄청나게 확대되어 갈 것으로 기대하고 있어요. 아마도 머지않은 미래에는 세상의 모든 것들이 빅데이터 안에서 움직이게 될지도 몰라요.

이제 구체적으로 사용되는 예들을 몇 가지 소개할게요.

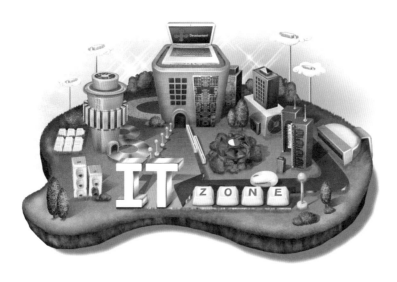

IT 세상에서 빅데이터의 가치는 무궁무진합니다.

로켓처럼 빠른 배송은 어떻게 가능했을까요?

빅데이터가 가장 먼저 활용되었던 분야는 마케팅 분야였어요. 그중에서도 빠른 배송을 위한 소비자의 구매패턴 분석에 빅데이터는 엄청난 효과를 거두게 되지요.

일반적으로 물류배송은 소셜커머스 기업의 중앙 물류창고에서 주문받은 제품을 포장한 뒤 전국으로 발송하는 시스템으로 운영되고 있었어요. 그러다 보니 주문서를 확인하고 포장, 배송하는 기간이 빠르면 2일에서 길게는 5일이 걸리기도 했었지요.

하지만 빅데이터를 이용하여 지역별, 연령별, 주문 수량별로 분석하고 이를 바탕으로 미리 포장해 지역의 물류창고에 비치해 둠으로써 주문이 들어오는 즉시 주문자의 인근 물류창고에서 바로 배송하는 시스템을 구축할 수 있게 되었지요. 빅데이터의 역할에 힘입어 배송의 효율성이 극대화된 사례라고 볼 수 있어요.

심야 버스를 기다리는 건 이제 그만!!

우리 생활 속에서도 빅데이터의 성공사례를 볼 수 있어요. 빅데이터가 사람들에게 얼마나 긍정적으로 작용할 수 있는지 그 가능성을 보여 준 사례로 대표적인 것이 '서울시 심야 버스노선도'예요. 2013년 개통한 서울시 심야버스의 노선도는 빅데이터 분석에 의해서 만들어진 것으로 빅데이터 활용의 모범적인 사례로 꼽혀요.

노선도는 서울 안의 심야시간대 통화량을 빅데이터로 수집 분석하여 서울 각 지역의 유동인구가 어디에 가장 많이 모여 있는지 파악하고 그 결과를 기준으로 버스의 배차 간격을 조절했다고 해요.

그렇게 만들어진 서울시 심야버스 노선도는 서울시민에게 편리함을 가져다주었고 하루 평균 1000명 이상의 승객이 이용하고 있다고 해요.

이 밖에도 미국 오바마대통령 선거, FBI의 범죄 프로파일링, 미국의 기상청, 나사^{NASA} 등 빅데이터가 활용되어 긍정적인 평가를 받은 사례는 굉장히 많아요.

이와 같은 장점에도 불구하고 빅데이터에 대한 우려의 시각 또한 많이 있어요. 사람들이 빅데이터에게 갖는 가장 큰 문제와 두려움은 보안이에요. 누군가가 빅데이터를 해킹하게 되면 개인적인 영역뿐만 아니라 사회적인 네티워크 전체가 위험에 노출될 수 있거든요.

사물인터넷의 발달은 그러한 우려를 더 증폭시키는 매개체가 될 수도 있다고 해요. 나의 스마트폰과 sns, 메일, 즐겨보는 동영상뿐만이 아니라 우리 집안의 냉장고, 세탁기, 청소기, 자동차의 네비게이션 등에서 나온 데이터들이 인터넷을 타고 빅데이터 저장소에 모이게 되면 나의 삶이 누군가에게 전부 노출되어 악용될 수도 있거든요.

빅데이터 기술은 이제 시작이에요. 아침에 일어나 일을 하고 밥을 먹고 친구를 만나고 잠을 자고 하는 모든 우리의 삶이 데이터의 한 조각으로 빅데이터 안에서 수집되고 분석되어 거대한 빅데이터를 벗어나지 못한 채로 살게 되는 날이 올 거라고 우려하는 미래학자들도 있어요. 그러한 우려 속에서도 '빅데이터' 기술은 나날이 발전해 가고 있어요. 4차 산업의 핵심인 사물인터넷, 인공지능, 증강현실, 인공지능로봇과 같은 산업은 모두 빅데이터가 기반이 되어 발달하게 될 산업이에요.

모든 기술은 좋고 나쁨이 없어요. 다만 그 기술을 어떻게 쓸 것인가를 결정하는 사람들의 생각에 따라 나쁜 기술과 좋은 기술로 나뉠 뿐이지요.

시간이 흘러 빅데이터가 여러분의 삶을 어떻게 변화시킬지 한번 상상해 보세요. 긍정적인 방향의 빅데이터 기술은 우리를 행복하게 만들어 주는데 더 많은 기여를 하게 될거에요.

💬 빅데이터 전문가가 하는 일은 무엇일까요?

빅데이터 전문가는 방대한 빅데이터 안에서 사용자가 원하는 가치를 갖는 데이터를 수집, 분석, 예측하여 활용할 수 있도록 돕는 일을 해요. 빅데이터 전문가가 어떤 일을 하는지 실제 있었던 사례를 통해 이야기해 볼까 해요.

미국의 한 마트에서는 고객의 상품 구입 패턴을 분석하기 위해서 매출 상품간의 연관성을 연구하며 기저귀와 연관되는 품목을 추출하다가 아주 흥미로운 것을 발견하게 되었어요. 그건 바로 '맥주'였어요. 기저귀와 맥주!

여러분은 기저귀와 맥주의 연결고리가 무엇인지 알 수 있나요?

빅데이터 전문가들은 마트의 매출리스트 데이터와 결제시스템을 분석하여 기저귀를 사러 온 아빠들이 맥주도 사간다는 것을 발견하게 돼요. 그래서 마트에서는 이 빅데이터 분석결과에 따라 기저귀 판매대 옆에 맥주 코너를 배치하게 되었어요. 결과는 어땠을까요? 물론 성공적이었지요. 이 일로 인해서 맥주의 판매량이 급격히 증가했다고 합니다.

이 이야기는 빅데이터 전문가들의 역할을 보여주는 단적인 예입니다.

빅데이터 전문가들은 빅데이터 분석을 위한 데이터 마이닝, 자연어 처리, 패턴 인식, 기계어 학습 등 다양한 분석 기술을 다루고 비정형 데이터를 분석하기 위한 텍스트 마이닝, 오피니언 마이닝, 사회연결망 분석에 대한 분석 기술들을 이해해야 해요. 이러한 정형, 비정형 데이터 분석을 위해 하둡(데이터 분산 저장 및 처리 시스템)이나 NoSQL 프로그램 등이 쓰이는 데 그중 하둡은 여러 대에 분산되어 저장되어 있는 데이터를 효율적으로 지원해서 빅데이터 처리를 돕는 시스템으로, 야후와 페이스북에서 사용하고 있어요.

데이터 분석 기술을 통해 수집, 분석된 데이터를 시각화하는 작업도 빅데이터 전문가가 하는 일 중의 하나에요.

데이터 시각화란, 분석된 데이터의 결과를 사람들이 이해하기 쉽도록 표와 그래픽을 이용해 전달하는 과정을 말해요. 대표적인 프로그

사물인터넷을 통해 모인 엄청난 양의 빅데이터를 분석하는 사람들.

빅데이터를 통해 통계와 수치는 국가와 기업, 개인 모두에게 중요한 정보가 됩니다.

램으로 R과 D3.js가 있으며 시각화의 대표적인 사례로 '서울 열린 데이터 광장'
이 있어요. 이것은 서울시가 데이터 시각화 솔루션인 DAISY를 이용하여 공공데
이터를 시민에게 공개한 사례로서 다양한 공공의 데이터를 한눈에 볼 수 있도록
잘 정리해 둔 사이트로 직접 찾아보면 도움이 될 거예요.

빅데이터를 분석하는 기술들은 계속 진화하고 개발되고 있으며 수많은 분야
에 응용되는 빅데이터를 다루기 위해서는 문화컨텐츠, 금융, 마케팅, 의료, 보안,
교육 등 다양한 분야의 변화에 대해서 관심을 놓지 않는 것 또한 빅데이터 전문
가에겐 중요한 일이에요.

빅데이터 전문가가 되려면 무엇을 준비해야 할까요?

빅데이터 전문가는 빅데이터 분석 기술에 대한 고도의 전문지식을 요하는 전

문가 중에서도 전문가예요. 빅데이터 전문가에게 유리한 전공으로는 통계학, 컴퓨터 공학, 산업 공학, 마케팅, 경영학 등이 있어요. 그래서 연세대, 충북대, 울산 과기대, 카이스트 등에는 석·박사 과정도 개설되어 있으니 관심과 열정을 가지고 꾸준히 준비하면 다양한 기회를 얻을 수 있을 거라 생각해요. 당장 쉬운 것부터 시작하고 싶다면 독서를 통해 내가 경험하지 못하는 분야에 대한 지식과 사회 전체를 바라볼 수 있는 분석적인 사고와 통찰력을 기르는 것을 권합니다.

대량의 정보 안에서 원하는 정보를 수집하여 구조화하는 작업은 분명 쉽지 않은 일이에요. 다가오는 미래 사회는 사물인터넷과 인공지능 등 4차 산업이 발달함에 따라 태어나서 죽을 때까지 인간의 모든 삶이 빅데이터로 분석되는 사회를 맞게 될 거라고 해요. 결국 인간의 삶 전체를 이해하지 못한다면, 아무리 방대한 양의 빅데이터를 분석하고 최첨단 분석 기술을 습득하더라도 그저 그런 컴퓨터 저장장치에 불과하게 될 거예요.

✪ 빅데이터 전문가의 전망은 어떤가요?

빅데이터는 4차 산업의 핵심 기술로 불리우는 인공지능, 사물인터넷, 로봇 등의 기반기술로 꼽히고 있어요. 그만큼 빅데이터의 수요는 폭발적으로 늘어날 것으로 기대가 되며 빅데이터 전문가들의 수요 또한 많아질 거라 전망되고 있어요.

사실 현재에도 빅데이터 전문인력은 많이 부족한 상태입니다. 관련 대학과 유관기관에서도 빅데이터 전문가 양성과정을 설립하고 전문 인력을 배출하는 데 많은 노력을 하고 있으며 미래창조 과학부에서도 전문인력 양성 프로그램을 개발하고 있으며 '데이터 분석전문가'와 '데이터 준분석전문가'라는 국내 첫 빅데이터 관련 국가공인자격을 만들기도 했어요. 외국 또한 MIT, 스탠포드대학, 노스캐롤라이나주립대학 등 유수의 대학들에 데이터 사이언티스트 과정이 개설되어 있으며 유명한 소프트회사인 미국의 오라클사에서는 OCA, OCP, OCM라는 전문 빅데이터 관련 국제 자격증 과정을 개설해 빅데이터 분야로 진출하고자 하는 사람들에게 다양한 기회를 주고 있어요.

빅데이터 전문가로서 역량을 키우고 다양한 분야로 진출을 위해서는 빅데이터 자격증은 필수이지요,

2011년 발표된 맥킨지 보고서에서는 2018년까지 미국에 14만~19만 명의 빅데이터 전문가와 150만 명 정도의 데이터 관리자 및 분석 인력이 필요하게 될 거라는 전망을 내놓았어요. 또한 구글, 아마존, BM, Oracle 등과 같은 인터넷과 소프트웨어 기업에서는 빅데이터 시장 선점을 위해 엄청난 투자와 치열한 경쟁을 하고 있다고 해요.

이러한 국·내외의 다양한 움직임을 보았을 때 빅데이터에 쏠리는 세계 기업들의 관심과 기대는 상상 이상이라고 할 수 있지요. 그런 면에서 빅데이터는 4차 산업혁명 시대를 이끌어 가는 가장 핵심적인 기술이며 그 기술을 이끌어 갈 빅데이터 전문가는 매우 기대되는 유망직업으로 급부상하고 있습니다.

블록체인 개발자

❓ 블록체인 개발자란 무엇일까요?

블록체인 기술을 다양한 영역에 구현할 수 있는 프로그램을 개발, 운영하고 관리하는 일을 하는 전문가를 말해요.

💡 블록체인은 무엇인가요?

블록 체인을 간단하게 말하자면 데이터를 분산하여 저장하는 기술이에요. 블록체인 기술에 대한 이해는 컴퓨터 프로그래밍 언어에 대한 충분한 이해가 필요하기 때문에 이 책에서는 블록체인 기술로 인해 세상이 어떻게 변화될 것인가를 설명하려고 해요. 블록체인에 대한 이해를 돕기 위해 두 마을에 대한 이야기를 해 볼까해요.

코끼리는 사과를 받을 수 있을까?(블록체인 마을 이야기)

어느 숲속 블록체인이라는 마을에는 호랑이, 곰, 여우, 코끼리, 토끼 5마리의 동물들이 사이좋게 살고 있었어요.

이 마을에는 다른 마을에는 없는 독특한 규칙이 있었는데 매일 아침 마을광장에 모여 어제 하루 마을 안에 있었던 모든 거래를 공유하고 기록하는 일이었어요. 그리고 그 정보를 똑같이 복사하여 5마리의 동물들이 나눠 가졌어요. 호랑이와 곰과 여우는 사과와 물고기와 포도를 팔았어요. 호랑이는 토끼에게 사과 10개를 팔고 곰은 여우에게 물고기 5마리를 팔았지요. 여우는 또 코끼리에게 포도 한 송이를 팔았어요. 코끼리는 호랑이네 집 울타리를 고쳐주고 사과 20개를 받기로 했어요.

광장에 모인 동물들은 이 모든 거래를 공공장부에 기록한 뒤 똑같은 복사본을 각각 나눠 가졌어요. 그래서 마을에 사는 동물들은 누가 누구에게 무엇을 팔았고 어떤 거래가 있었는지를 모두 알아요.

그런데 어느 날 큰일이 벌어졌어요. 코끼리가 호랑이네 울타리를 고쳐준 대가로 사과 20개를 받기로 했는데 그 내역이 적힌 장부를 잃어버린 거예요.

코끼리는 어쩔 줄 몰라 광장에 앉아 울고 있었어요. 그때 지나가던 여우가 코끼리에게 우는 이유를 물었어요. 이야기를 다 들은 여우는 웃으며 코끼리에게 말했어요.

"걱정 마! 네가 호랑이에게 사과 20개를 받기로 했다는 것을 우리 모두 다 알고 있거든, 왜냐하면 우리가 복사해 간 공공장부에 그 증거가 남아 있기 때문이지"

그리고는 다음날 아침 호랑이, 곰, 토끼, 여우는 서로의 장부를 대조해 보았어요. 거기에는 "호랑이는 울타리를 고쳐준 코끼리에게 사과 20개를 준다"라고 모두 똑같이 적혀 있었지요. 내역뿐만이 아니라 장부를 기록한 시간과 거래의 순서까지 적혀 있었어요.

지금까지의 이야기는 블록체인의 분산 데이터 저장 기술의 이해를 돕기 위한 우화였어요. 블록체인 기술의 최고의 장점은 위·변조와 해킹이 불가능하다는 것이에요. 어떻게 그런 일이 가능하냐고요?

블록체인 시스템은 시간 단위까지 거래기록을 모든 사용자의 서버에 복사본을 보내어 관리하는 구조에요. 그 복사본 장부를 블록이라고 하고 그 블록이 사용자들에게 개인간 거래(p2p) 방식으로 체인처럼 연결되어 있다고 해서 블록체인이라는 이름이 붙었어요.

매일 아침 5마리의 동물들이 모여 공공장부를 쓰고 복사본 5개를 나누어 갖는 것과 같은 시스템이랍니다.

코끼리가 장부를 잃어버린 것은 해킹의 위험을 말한 것과 같아요. 혹시 한 서버가 해킹을 당했다 해도 서로 연결된 다른 동물들의 장부 안에 그동안의 거래 기

체인처럼 연결되어 있다고 해서 블록체인이에요.

록이 남아 있기 때문에 단숨에 복원시킬 수가 있는 거예요. 또한 코끼리가 욕심을 내 살짝 받아야 할 사과의 개수를 30개라고 적어 자신의 장부를 위조한다 해도 나머지 4마리의 장부에 적힌 내용과 일치하지 않기 때문에 코끼리의 장부는 파기되게 되지요.

혹시 5마리밖에 안되는 마을이니 5마리의 장부를 다 훔치면 해킹이 될 수 있지 않을까 생각하는 친구가 있을지도 몰라요. 아주 재미있는 생각이지만 이 이야기는 어디까지나 블록체인을 쉽게 설명하고자 하는 작은 예 일 뿐이에요.

동물들의 장부에 해당하는 블록은 사람이 직접 가지고 다니는 것이 아닌 인터넷을 통해 빛의 속도로 움직이는 데이터에요. 인터넷으로 연결된 사용자들은 우리나라뿐만이 아니라 전 세계에 연결되어 있고 수십만 명 혹은 수천만 명이 될 수도 있어요. 그런 상황에서 해킹을 하려면 적게는 수 백명에서 많게는 수천만 명의 개인 컴퓨터 안에 저장되어 있는 거래 장부를 다 해킹해야 하는데 그것은 아무리 엄청난 슈퍼컴퓨터가 와도 실제 불가능한 일이지요.

또 이런 생각을 하는 친구도 있을 거예요. 코끼리가 호랑이와 여우를 매수해서 받을 사과를 30개로 고치게 하면 누가 맞는지 어떻게 알지요?

일리가 있는 질문이에요. 실제로 블록체인 시스템은 49대 51로 분산장부를 대조했을 때 50프로가 넘는 데이터를 채택하고 49프로에 해당하는 데이터는 파기하게 되어 있어요. 대조 블록 데이터에서 공통의 데이터가 최소 50프로를 넘어야 하는 것이죠. 이것 또한 동물마을이 아닌 인터넷 안에서 생각해 본다면 코끼리가 위조를 위해 매수해야 할 사람의 데이터는 전체 블록체인 안에 분산 공유되는 데이터의 반절이 넘어야 해요. 그렇기 때문에 결국 코끼리는 우리나라 혹은 전 세계의 수백 명에서 수천만 명의 데이터를 매수 조작해야 되는 엄청난 일을 해야 하지요.

어쩌면 코끼리는 사과 10개를 더 받기 위해 더 많은 돈을 써야 할지도 모르고 일평생을 위조에 받쳐야 될지도 몰라요. 상상해 보니 너무 웃음이 나오네요. 설마 그런 바보 같은 일을 할 사람이 있을까요?

이런 이유로 블록체인 기술은 해킹과 위조가 불가능한 데이터 위·변조 방지 기술로 알려져 있습니다.

오소리네 금고를 지켜라(중앙서버 마을 이야기)

블록체인 마을 옆에는 중앙 서버 마을이 있었어요. 중앙 서버 마을에는 오소리 금고라는 은행이 있었어요. 오소리 금고의 주인인 오소리는 마을의 모든 동물들의 저축과 거래내역이 쓰여진 장부를 작성하고 관리하느라 매일 바빴어요. 이 장부는 오소리 외에는 아무도 볼 수 없는 비밀이었고 철저하게 보관되고 있었어요.

금고 주인인 오소리는 이 장부를 잃어버리지 않기 위해 땅속 깊숙한 곳 오소리만 알고 있는 비밀장소에 묻어두고 열쇠로 꽁꽁 잠가 두었죠.

오소리는 무서운 늑대를 고용해서 이 금고를 지키라고까지 했어요. 하지만 금고를 지키는데 너무 많은 돈이 들어서 오소리는 금고에 저축하는 동물들에게 금고관리 비용을 받기로 했지요.

마을의 다른 동물들은 금고관리 비용이 비싸다고 느꼈지만 오소리가 금고를 책임지고 지켜 주고 있기 때문에 안심했어요.

중앙 서버 마을에도 사과를 파는 비버가 있었어요. 비버는 염소에게 사과를

5개 팔았고 염소는 비버에게 종이 한 장을 건넸어요.

거기에는 '이 종이를 가져오면 500원을 준다-발행인 : 오소리 금고 주인-확인1: 발행인은 믿어도 됨을 내가 증명한다(서버마을 이장) -확인2: 서버마을 이장확인1은 확실한 것으로 다시 확인해줌: (서버마을 주민대표)'라고 쓰여 있었어요.

비버는 서버마을 이장과 주민대표의 확인도장을 보고 종이를 받은 후 다음 날 오소리 금고로 가서 오소리에게 종이를 내밀며 500원을 달라고 했어요.

그런데 엄청난 일이 벌어지고 말았어요. 전날 오소리 금고에 도둑이 들어 장부를 전부 도둑 맞은 거예요. 오소리 또한 어쩔 줄 모르며 엉엉 울었어요.

"죄송해요 장부를 전부 잃어버리는 바람에 이 종이가 저희가 발행한 종이인지 확인할 수가 없어 500원을 드릴 수가 없어요."

비버는 너무 화가 났지만 어쩔 수가 없었어요. 중앙 서버 마을에 장부는 오로지 오소리만 가지고 있었기 때문에 이 종이가 진짜인지 가짜인지 사실 확인을 해 줄 다른 동물들이 하나도 없었기 때문이지요.

두 번째 이야기는 블록체인 기술과는 상반되는 중앙서버 저장 기술에 대한 우화예요. 중앙서버저장 기술은 우리가 은행이나 관공서, 군대, 기업 등 모든 데이터를 다루고 저장하는 시스템을 가진 기관들에서 흔히 볼 수 있는 시스템이지요.

오랫동안 중앙서버에 데이터를 저장하는 중앙집중식 관리 시스템에 대한 우려와 사고를 우리는 많이 목격해 왔지요. 실제로 은행이나 기관이 해킹에 의해 곤란을 겪게 되는 상황도 목격하게 되었어요.

중앙서버 시스템의 장점은 한 곳에서 모든 데이터를 관리하기 때문에 매우 편리하고 효율적이라는 것이에요. 하지만 중앙 시스템만 공격하면 해킹과 위조가 쉬우며 모든 데이터를 한 곳에서 관리하다 보면 데이터를 다루는 중앙서버 관리기관에게 모든 권력이 집중되어 질 수 있다는 것이 단점입니다. 예를 들어 오소리가 금고관리 비용을 받는다고 했을 때 많은 동물들은 금고관리 비용을 낼 수밖에 없었지요.

물론 늑대를 고용하고 보안을 위해 금고를 사는 등으로 비용이 발생했지만 관리비용이 얼마가 드는지는 오소리만 아는 일이에요. 이유는 오소리가 다른 동물들에게 관리비용에 대한 공개를 하지 않기 때문이지요.

적정한 관리비용이 쓰이고 있는지 알 수 없는 다른 동물들은 오소리가 청구한 돈을 낼 수밖에 없어요. 왜냐하면 오소리가 관리하는 금고가 해킹당하게 되면 금고 안에 있는 장부가 사라져버려서 비버처럼 돈을 받을 수 없게 될지도 모르기 때문이지요.

블록체인 그리고 비트코인

오랫동안 데이터를 연구하는 프로그래머들은 해킹의 위험과 위·변조를 할 수 없는 데이터 저장기술에 대한 연구와 노력을 해 왔어요. 효율적이고 편리한 중앙서버 시스템이 끊임없는 해킹과 위·변조에 노출되어지고 중앙서버를 통

블록체인의 분산저장 시스템은 위조가 힘들어요.

어쩌면 미래 사회는 화폐 대신 가상화폐를 쓰고 있을지도 몰라요.

해 모든 데이터를 가진 기관이나 조직이 막강한 권력을 가지게 되는 것들을 우려하는 목소리가 있었지요. 그러한 대안으로 제시된 기술 중 하나가 바로 블록체인 기술이에요. 블록체인 기술은 중앙서버장치가 없기 때문에 실제로 해킹을 당할 염려나 위·변조를 할 수 없어요.

또한 사용자 모두가 개인대 개인으로 직거래(p2p방식거래)하며 모든 장부가 공개되어 분산 저장되기 때문에 어느 한 기관이나 조직에게 권력이 집중되거나 거래 중에 발생할 수 있는 다양한 수수료 등 관리비용이 감소하여 사용자들의 부담을 줄여 줄 수 있게 되었어요.

블록체인 기술이 우리 생활에 어떻게 적용될 수 있는지 실제로 해킹과 위·변조가 불가능한지 그것을 증명하기 위해 블록체인 기술을 금융에 적용한 첫 사례가 바로 '비트코인'이에요.

중앙은행에서 관리하지 않고 개인대 개인으로 거래하고 그 거래 데이터를 분산저장하며 공동의 장부를 만들어 공유함으로써 신뢰를 쌓고 해킹과 위·변조가 불가능하기에 신용을 가지게 된 새로운 가상화폐가 탄생한 것이었지요.

요즈음 비트코인이 많은 사람들의 관심과 논란의 대상이 되며 전 세계로 알려지고 있어요. 하지만 비트코인의 인기만큼이나 중요한 것은 비트코인의 기술적 배경인 블록체인 기술이 단순한 이론이 아닌 우리 실생활에 실제로 적용될 수 있다는 사실이 증명되었다는 것에 더 주목해야 해요. 그런 점에서 비트코인은 블록체인 기술의 가능성을 실제 생활에 증명한 첫 증거가 된 셈이죠.

다수의 사람들과 프로그램 개발자들은 블록체인 기술에 상당한 관심을 가지고 흥분하고 있어요. 왜냐하면 4차 산업혁명을 이끌어 갈 새로운 기술로써 세상을 엄청나게 변화시키게 될 견인차가 될 거라는 기대 때문이에요.

💬 블록체인 개발자가 하는 일은 무엇일까요?

블록체인 개발자는 컴퓨터 프로그래밍 언어를 통해 프로그램 개발을 하는 일이 가장 핵심적인 일이에요. 또한 블록체인 기술을 어떤 영역에 적용시켜 나갈 수 있는지에 대한 연구와 아이디어를 내고 실제로 구현할 수 있는 앱이나 플랫폼을 만드는 일도 하지요. 그리고 블록체인 기술을 다양한 분야에 적용시키기 위해서는 사회의 변화와 사람들의 생활 패턴에 대한 지식과 지속적인 관심도 필요해요.

✒️ 블록체인 개발자가 되려면 무엇을 준비해야 할까요?

블록체인 개발자가 되기 위해선 무엇보다도 컴퓨터 프로그래밍 언어를 익히는 게 중요해요. 블록체인 기술도 결국은 컴퓨터 프로그램 중 하나이기 때문이죠. 우리가 미국인과 대화하기 위해서는 영어를 공부해야 하는 것처럼 컴퓨터와 대화하려면 컴퓨터 언어를 익혀야만 해요.

세상에는 수많은 나라의 수많은 언어가 있듯이 컴퓨터 프로그래밍 언어도 어디에 적용되느냐에 따라 굉장히 다양한 언어가 있어요. 비트코인의 소스언어인 c++언어나 블록체인 기술을 이용한 어플에 해당하는 dApp^{Decentralized Application}를 이해하기 위해서는 이더리움의 Solidity라는 프로그램 언어를 공부해야 해요.

꼭 블록체인 기술에 해당하는 언어만 공부해야 하는 것은 아니에요. 우리가 3개 국어 4개 국어를 하면 훨씬 더 유리하듯 컴퓨터 프로그래밍 언어에는 c언어 JAVA, BASIC, 자바스크립트, 파이썬, c[#], php 등 다양한 언어가 있어요. 이러한 프로그래밍 언어는 보편적으로 많이 쓰이는 언어들이기 때문에 꾸준히 익히고 공부하면 아주 좋겠지요.

그렇다면 프로그래머가 되기 위해선 어떤 학과에 가는 것이 유리할까요?. 컴퓨터 공학, 소프트웨어 공학, 게임 개발, 정보처리 등을 전공하면 매우 유리해요. 하지만 컴퓨터 프로그램을 꼭 대학에서만 공부해야 하는 것은 아니에요. 독학으로 공부한 사람도 많이 있고 전공은 아니지만 다양한 교육기관에서 실력을 쌓는 사람도 있기 때문이지요.

컴퓨터 프로그래밍 언어는 우리가 언어공부를 하는 것과 유사해서 끊임없는 관심을 가지고 꾸준하게 해야 하는 일이에요. 지금부터 컴퓨터 프로그래머가 되기 위해 차근차근 쉬운 것부터 준비하고 싶다면 쉬운 프로그램을 직접 짜 보는 것은 어떨까요?

영어공부도 열심히 해야 해요. 왜냐하면 모든 컴퓨터 프로그래밍 언어는 영어로 되어 있기 때문에 영어는 필수예요. 무엇보다도 컴퓨터 프로그래밍 과정은 인내력과 끈기가 필요한 일이니 만큼 컴퓨터 프로그래밍에 대한 열정과 관심이 내게 있는지 그것부터 알아보는 것이 최우선이겠지요.

✪ 블록체인의 전망은 어떤가요?

세계 경제 포럼에서는 '2027년이면 전 세계 총생산의 10%가 블록체인 기술로 저장될 것'이라고 예상했어요. 블록체인 기술은 데이터의 보안성을 매우 중요시하는 분야와 연결되어질 가능성이 아주 높다고 해요.

예를 들면 환자의 의료 기록, 차량 등록 업무, 부동산 거래, 공증, 음반 저작권, 각종 관공서의 증명서 발급, 토지대장 등이 그것이에요.

데이터의 보안성이 높은 블록체인 기술은 위·변조가 없는 세상을 만들 수도 있습니다.

블록체인은 세상의 질서를 바꿀 수도 있다고 합니다.

블록체인 기술은 지금까지 있어 왔던 기존의 데이터 저장방식의 개념을 완전히 뒤집은 새로운 개념으로 많은 사람들에게 4차 산업혁명을 이끌어 갈 중대한 발명품이라고 일컬어지고 있어요.

그런데 걱정의 목소리도 높은 게 사실이에요. 왜냐하면 블록체인 기술은 아직 초기 단계로 여전히 블록체인 기술에 대한 정확한 이해가 충분하지 않고 세계적인 표준 또한 마련되어 있지 않아 혼란이 발생하고 있는 것도 사실이거든요.

그럼에도 블록체인 기술이 우리에게 가져다 줄 변화가 무엇일지에 대해서 생각해 봐야 해요. 블록체인 기술의 핵심은 탈중앙화, 다시 말해 기존의 중앙집권적이며 소수의 기관이나 조직에 의해서만 다루어져 왔던 정보가 모든 사람들과 함께 공유되고 활용될 수 있게 되었다는 점이에요. 그것이 세상을 어떻게 바꿔놓게 될지 한번 상상해 보는 것도 재미있을 거예요. 더 이상 한 집단이나 조직에게 권력이 집중되지 않을 것이며 위·변조나 해킹의 불가능성 때문에 부정부패와 속임수가 사라지겠지요.

너무 긍정적으로만 생각하는 것 같다고요? 여러분은 어떻게 생각하시나요? 4차 산업혁명의 시대에 어떠한 새로운 기술이 우리를 또 놀라게 하고 사회를 변화시키게 될지는 알 수 없어요. 그리고 사람들이 그것을 어떻게 받아들이고 활용하게 될지도 아직은 알 수 없지요. 그럼에도 불구하고 많은 사람들은 앞으로 펼쳐질 4차 산업혁명 시대를 매우 기대하고 긍정적으로 바라보고 있어요.

기술에는 옳고 그른 것이 없다고 해요. 그 기술을 긍정적인 방향으로 사용할 것인지 부정적으로 사용할 것인지는 전적으로 사용자에게 달려 있는 것이겠지요.

블록체인 기술은 단순한 데이터 저장방식의 기술적인 변화라는 관점보다는 기존의 질서와는 상반되는 큰 인식의 변화를 몰고 올 수 있다는 점에서 매우 주목할 만한 기술이며 앞으로 활발하게 활용될 분야인 만큼 관심을 가지고 차근차근 준비해 간다면 반드시 다양한 영역에서 유용하게 쓰여질 기술로, 밝은 전망이 기대됩니다.

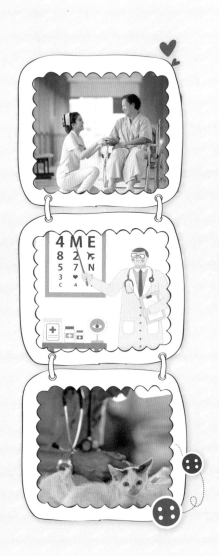

chapter
4

의료 전문가

상담 심리 전문가

❓ 상담 심리 전문가는 무엇일까요?

다양한 심리적, 개인적 문제나 갈등으로 인해 어려움을 겪고 있는 사람들에게 심리학적 접근 방법으로 상담해 문제를 해결할 수 있도록 조언해 주는 전문가를 말해요.

💡 상담 심리 전문가가 하는 일은 무엇일까요?

여러분은 힘들고 우울할 때 무엇을 하나요? 맛있는 음식을 먹거나 운동을 하거나 좋아하는 음악을 들으며 스트레스를 풀기 위한 다양한 노력을 할 거예요. 그중에서도 친구가 나의 고민을 들어 주고 공감해 주었을 때 가장 큰 위로를 받았던 기억이 한 번쯤은 있었을 거예요.

그런데 사람들의 심리적, 개인적 문제를 심리학적 접근 방법으로 상담하고 해

스트레스가 많아지면 아파요. 이런 사람을 상담 심리 전문가가 도와줄 수 있어요.

결을 돕는 전문가들이 있어요. 이런 사람들을 '상담 심리 전문가'라고 해요. 상담 심리 전문가들은 정신적인 병적 증상으로 인해 치료를 하고 약을 처방해야 하는 환자를 대상으로 상담을 하는 정신과 의사와는 하는 일이 달라요. 다음은 상담 심리 전문가가 하는 일이예요.

-심리검사   상담 심리 전문가는 상담에 앞서 다양한 심리검사를 해요. 일반적으로 내담자의 성격이나 심리적인 상태를 알아보기 위해 가장 많이 쓰이는 검사로는 미네소타 다면적 인성검사^{MMPI}, 집-나무-사람 검사^{HTP}, 마이어-브릭스 유형 지표^{MBTI} 등이 있어요. 이 밖에도 상황에 따라 다양한 심층 검사와 더불어 내담자의 현재 상태를 분석하고 파악하여 필요한 경우 내담자에게 자신의 심리적 상태를 잘 이해할 수 있도록 설명해주는 일도 해요.

-라포^{rapport}형성   상담을 시작하게 되면 상담 심리 전문가는 내담자와 신뢰를

나의 아픔을 누군가에게 이야기하는 것만으로도 도움을 받을 수 있어요.

쌓는 과정을 거치는데 이것을 라포^{rapport}형성이라고 해요. 라포를 형성하는 과정은 매우 중요하며 만약 이 과정에서 실패한다면 내담자와 이후 지속될 모든 상담이 제대로 이루어질 수 없게 돼요.

-다양한 상담 기법과 상담 방법 상담 심리 전문가는 심리검사를 바탕으로 내담자에게 가장 알맞은 상담 방법을 찾아 실행해요. 개인상담, 집단상담, 위기상담, 가족상담 등 상담 방법은 무수히 많아요.

일반적으로 상담이 시작되면 상담 심리 전문가는 경청, 인내, 공감, 침묵하기, 직면, 해석 등 다양한 상담 기법으로 지속적으로 상담을 하며 심리적 변화를 관찰하고 스스로 자신의 문제를 인식하고 그것에서 벗어날 수 있도록 유도하는 일을 하지요.

-결과 보고 이러한 다양한 기법과 방법을 통해 내담자가 자신의 문제를 극복할 수 있는 단계에 도달하게 되면 상담 심리 전문가는 상담을 끝내요. 기관에 소속된 상담 심리 전문가인 경우에는 결과 보고서를 작성하는 일과 각종 행정업무도 담당한다고 해요.

💬 상담 심리 전문가를 하려면 무엇을 준비해야 할까요?

상담 심리 전문가가 되기 위해서는 심리학, 상담심리학, 교육학 등의 관련 전공을 하면 매우 유리해요. 하지만 상담 심리 전문가로서 전문자격을 인정받기 위해서는 석사 이상의 관련 전공 학력이 필요하기 때문에 대학원을 가는 것은 필수코스이지요.

학부에서 관련 전공을 하지 않았을 경우에는 상담심리 대학원을 나와 한국 '상담심리학회'나 '한국상담학회'에 가입한 후 학회에서 요구하는 실습과 상담 실무 과정을 거치면 상담 심리 전문가로서 활동할 수 있는 자격이 주어지게 돼요.

학회에서 인정하는 상담 심리 전문가는 1급과 2급이 있어요. 1급 상담사가 되기 위해서는 빠르면 5년에서 길게는 10년 정도의 기간이 걸린다고 해요. 1급 상담사로 5년간 활동하면서 학회에서 요구하는 다양한 자격요건을 갖추게 되면 상담 심리 전문가로서 최고의 위치인 '수퍼바이저'가 될 수 있는 기회가 주어져요. '수퍼바이저'는 '전문 영역수련감독자'로서 최고 레벨의 전문가라고 할 수 있지요.

상담 심리 전문가는 아동 · 청소년, 학교, 부부 · 가족, 중독, 교정, 생애개발, 진로 등 자신의 전문 분야에 따라 다양한 기관으로 진출이 가능하며 경력이 쌓이면 개인 상담소를 운영하거나 프리랜서로 일을 할 수 있다고 해요.

상담 심리 전문가는 정신적 어려움에 처한 사람들을 대면하는 일이다 보니 스트레스에 노출되기 쉬우며 상대방의 마음에 공감할 수 있는 공감능력과 소통능력이 뛰어나야 하지만 반면에 내담자의 우울한 심리상태에 빠져들지 않을 수 있는 냉철한 판단력 또한 요구된다고 해요.

모든 상담이 만족스럽게 끝나면 좋겠지만 중도에 상담을 포기하는 내담자도 있기 때문에 혹시라도 실패하면 상담과정의 문제나 실수를 인정하고 돌아볼 수 있는 자기성찰의 자세도 매우 중요해요. 또한 상담 심리 전문가가 목표라면 자신에 대한 이해와 성찰이 먼저 이루어져야 하며 이것을 바탕으로 사람에 대한 이해와 공감, 사랑하는 마음을 놓쳐서는 안 될 것 같아요.

✒ 상담 심리 전문가의 전망은 어떤가요?

한국 사회는 디지털과 스마트폰의 보급으로 인한 급속한 사회 환경 변화로 인해 1인 가구 증가와 핵가족화가 급속도로 진전되고 있어요. 이러한 사회 환경의 변화는 신체적 질병만큼이나 심리적 질병을 증가시키고 있지요.

사회는 점점 더 개인화되고 사람들 간의 소통은 형식적이며 더 정교한 시스템과 능력을 요구해 개인을 무한경쟁의 시대로 접어들게 만들고 있지요. 이러한 사회 환경 안에서 개인들은 바쁜 스케줄, 과도한 업무량, 소통 부재, 왕따 문제 등을 겪으며 극심한 우울증이나 스트레스, 자살, 중독 등의 문제에 직면하게 되었어요.

하지만 안타깝게도 상담 문화의 필요성을 일찍부터 인정하고 보편화된 서구 사회에 비해 우리나라는 전문인력이나 기관들이 매우 부족한 상황이며 개인들이 쉽게 접근할 수 있는 사회적 전문 상담시스템도 제대로 갖추어지지 않은 게 현실입니다. 여전히 경제협력개발기구OECD 중 '자살율 1위'라는 불명예를 안고 있는 우리나라는 학교폭력, 왕따 문제, 자살, 우울증, 대인 관계문제 등으로 많은 사회 비용을 지불하고 있으며 이에 대한 위기 의식은 정신 건강에 대한 관심으

사람들의 아픔은 환경, 성격, 직업에 따라 모두 다릅니다.

로 나타나고 있습니다.

아들러 심리학을 기초로 쓰인《미움받을 용기》가 사람들의 관심과 이목을 집중시키며 오랜 기간 스테디셀러를 차지하고 있는 것만을 보아도 인간관계와 심리적인 요인으로 고민하고 있는 사람들의 수가 매우 많다는 것을 알 수 있지요.

이러한 다양한 사회적 문제는 정신건강에 대한 개인 차원뿐만 아니라 국가 차원의 관심을 불러와 정책지원으로 각종 상담센터설립이 늘고 있다고 해요.

또한 과거 심리적 상담을 꺼려했던 사람들의 인식이 변해가면서 특히 청소년 문제 분야는 학부모들의 적극적인 상담을 통한 문제 해결 의지가 높아지고 있어 전문 인력의 필요성이 증가하고 있다고 해요.

청소년 관련 상담센터 및 지원센터 등을 늘리고 취약 계층인 독거노인, 아동, 여성, 다문화 등을 비롯한 다양한 분야의 상담 서비스를 세분화시키고 있어 앞으로 상담 전문 인력의 필요성은 점점 증가할 것으로 전망되고 있어요.

간호사

간호사란 무엇일까요?

간호사는 국가고시인 간호사 면허시험에 합격해 의사의 일을 도우며 환자를 돌보는 일을 하는 전문가를 말해요.

간호사가 하는 일은 무엇이 있나요?

1차 병원(동네 의원, 보건소 등)과 2차 병원(대학병원, 대형종합병원)에 따라 업무의 양이 달라지기는 하지만 일반적으로 종합병원에 근무하는 간호사는 365일 24시간 도움이 필요한 응급 환자들과 병증이 심각한 환자들을 보살피고 관리해요. 그래서 간호사는 언제나 긴장을 놓지 않고 집중을 해야 합니다.

휴일이 없는 종합병원의 특성상 3교대를 하는 간호사들은 매우 바쁜 하루를 보내고 있어요.

간호사의 주 업무 중에 하나는 의사의 진료를 도와주는 일이에요. 의사의 지시에 따라 주사를 놓거나 체온과 맥박을 재는 등 다양한 처치를 하고 처방에 따른 치료를 해요.

의사들이 지시하는 차트에는 처방만 적혀 있다고 해요. 그래서 실제 환자를 회복시키기 위한 세세한 간호 계획을 짜는 일과 의사의 지시가 적혀 있는 차트를 확인하고 세부적인 조치방법을 계획하며 오류가 있는 지시를 걸러내는 일도 간호사가 하는 일이라고 해요.

이러한 일을 하는 간호사를 '차지 간호사charge nurse'라고 하며 '차지 간호사가'가 확인하여 내려보낸 지시대로 처치를 하는 간호사를 '액팅 간호사acting nurse'라고 해요.

간호사는 이 계획에 맞추어 환자를 돌보며 일정한 시간마다 환자의 상태를 체크하는 일과 각종 의료 도구들을 점검하고 의약품과 물품 등을 관리하며 위생에도 신경을 써야 해요.

간호사의 업무는 하는 일에 따라 체계적으로 분산되어 있으며 보건, 마취, 가정, 정신, 노인, 호스피스 등 전문 분야에 따른 전문 간호사제도를 시행하면서 간호사의 전문성을 더욱 높였어요.

간호사는 의사의 회진을 따라 돌며 각 환자 상태를 환자 차트에 자세히 기록하고 다음 차례의 간호사와 교대할 때 정확한

환자와의 소통은 간호사에게 매우 중요한 일입니다.

환자의 상태를 인수인계
하는 일도 해요. 의사의
회진을 함께 도는 것은
환자의 상태를 알아보는
데에 반드시 필요한 일
이지만 간호사로서 실력
을 키울 수 있는 좋은 기
회이기도 해요.

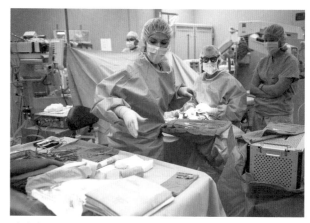

의사의 수술을 돕는 전문 간호사도 있습니다.

　간호사는 모든 환자의
변화를 의사에게 보고하고 달라지는 지시를 정확히 받아 처치를 해야 하기 때문
에 보고와 기록은 간호사에게 있어 매우 중요한 업무 중에 하나지요.

　마지막으로 간호사는 환자의 입·퇴원관리를 하고 수술이 필요한 환자에게는
수술 준비와 사후 관리 등도 하지요. 이 밖에도 간호사가 하는 일은 셀 수 없이
많아요.

　아픈 환자를 돌보고 의사가 진료를 잘 할 수 있도록 다방면으로 돕는 간호사!
정말 존경스럽네요.

💬 간호사가 되려면 무엇을 준비해야 할까요?

　간호사가 되려면 반드시 3년제 간호전문대학이나 4년제 간호대학을 전공한
뒤 국가고시인 간호사 면허시험에 합격해야 해요. 건강 관리는 모두에게 중요한
만큼 간호사가 진출 가능한 분야가 매우 다양하며 사회적인 요구와 관심 또한

아주 많은 편이에요. 간호사들은 경력 정도와 일의 시스템에 따라 팀으로 움직이거나 분업화되어 있으며 모든 일은 철저한 스케줄에 의해 움직인다고 해요.

초창기의 간호사는 데이^{Day}, 이브닝^{Evening}, 나이트^{night}의 순번제로 돌아가며 일을 하기 때문에 체력적으로 매우 힘들 수 있어요. 그래서 체력관리를 잘 해야 하며 신입 간호사 시절에는 낮밤이 바뀌어 적응하기까지 어려움을 겪을 수도 있어요.

간호사의 업무는 환자의 상태 변화를 매시간 체크하고 의사와 선임 간호사의 지시 사항에 대한 결과를 정확하게 적어 기록하고 보고하는 일이 아주 중요하기 때문에 꼼꼼함과 성실함을 필요로 하지요. 그리고 언제 응급상황이 발생할지 모르기 때문에 적절한 상황 판단 능력과 위기 대처 능력이 요구돼요.

지금 간호사를 꿈꾸고 있다면 간호학과에 들어갈 수 있는 성적 관리를 조금씩 하라고 말하고 싶어요. 간호사는 평생직업이고 전문 직업인으로서 사회적 인지도도 높으며 국, 내외 취업률 상위권에 항상 들어갈 정도로 사회적 수요가 매우 많은 직업이에요. 그러다 보니 간호대학의 입학 성적은 굉장히 높은 편이지요. 경력이 올라갈수록 연봉 또한 고소득이어서 선호하는 직종입니다.

하지만 간호사는 사람의 생명을 돌보기 때문에 일의 강도가 매우 높고 정확하게 돌아가야 하는 긴장된 생활의 연

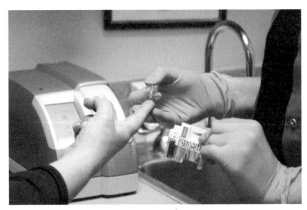

환자의 상태를 확인합니다.

속이지요. 그래서 꽉 짜인 스케줄을 실수 없이 처리할 수 있는 정신력과 봉사 정신이 투철해야 해요.

따라서 자신의 적성을 생각해 보지 않고 단순히 높은 연봉과 안정된 전문직이라는 이유만으로 선택한다면 간호사라는 직업은 매우 적응하기 힘든 일이 될 수도 있어요.

✒ 간호사의 전망은 어떤가요?

간호사의 전망에 대해 결론을 먼저 이야기해 본다면 '매우 좋다'예요. 간호사는 수요에 비해 인력이 매우 부족한 직군에 속합니다.

간호사의 전망이 좋은 이유는 다음 3가지로 요약할 수 있어요.

첫 번째 간호사는 진출할 수 있는 관련 분야가 매우 많다는 것이에요. 먼저, 간호사 면허를 취득하고 1년간의 조산 실습과정을 거친 후 국가고시인 '조산사' 면허시험에 합격하면 조산사가 될 수 있어요. 그리고 3년의 간호사 경력을 가지고 대학원에서 전문 간호사 과정을 이수한 뒤 '전문 간호사' 시험에 합격하면 전문 간호사로 활동할 수 있어요.

전문 간호사는 특정 영역에서 전문적으로 환자를 돌볼 수 있는 상위 개념의 간호사로 이제 시작된 분야예요. 현재 임상, 아동, 노인, 마취, 호스피스, 감염, 종양 등 13개 분야가 있어요.

또한 간호사 면허를 가지고 임용고시에 합격하면 학교의 보건교사로 진출할 수 있으며 보건 전담공무원, 간호장교, 산업간호사, 노인요양 방문 간호사 등으로도 진출이 가능해요.

두 번째는 다른 직업에 비해 해외 진출이 쉬운 편이라고 해요.

의료계 종사자들은 한국뿐만 아니라 전 세계적으로 인력난이 부족한 직군으로 유명해요. 현재 우리나라 간호사들은

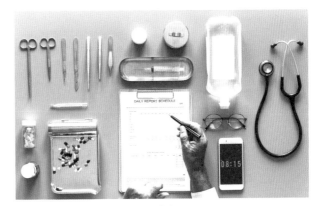

수술 또는 치료도구들을 관리합니다.

미국, 유럽, 호주, 캐나다, 중동 등의 나라로 진출하고 있다고 해요. 언어의 벽을 극복해야 하는 어려움은 있지만 자신의 능력을 개발하고 도전해 볼 수 있는 기회인 것이죠.

세 번째는 인구의 노령화로 인한 사회변화에요. 이에 대해서는 뒤에서 따로 파트를 소개했습니다.

경제협력개발기구(OECD)에 따르면 우리나라는 현재 간호사 한 명이 담당하고 있는 환자의 수가 15명으로, 미국 5명, 일본 · 유럽 7~8명에 비해 두 배 이상 많으며 인구 1000명 당 간호사는 5.2명으로 OECD 평균 9.8명에 비해 많이 부족하다고 해요. 특히 지방으로 갈수록 간호사의 부족 현상이 매우 두드러져 복지적인 측면에서 사회적인 문제로까지 나타나고 있다고 해요.

지금까지 살펴본 다양한 이유와 더불어 복지 제도가 발달하고 경제력이 향상되면서 양질의 의료서비스를 원하는 사람들의 요구가 많아지고 있어요. 대형병원을 중심으로 '보호자 없는 병상'인 '간호간병 책임서비스'를 추진할 예정이기 때문에 간호사의 수요는 더욱 증가할 것으로 전망돼요.

의사

❓ 의사란 무엇일까요?

의사는 '의사 국가 자격 면허시험'에 합격한 의료인으로서 사람의 병을 진단하고 치료하는 전문가를 말해요.

💡 의사가 하는 일은 무엇이 있나요?

의사가 하는 가장 첫 번째 일은 환자의 병을 검사하는 것이에요. 정확한 검사가 이루어져야 어떻게 치료를 할 것인지 판단할 수 있기 때문에 병을 치료하는 과정 중 첫 출발점으로서 검사는 매우 중요한 과정이지요.

검사 과정은 과목에 따라 의사가 직접 하는 경우도 있고 전문 의료영상기사나 간호사에게 필요한 검사들에 대한 지시를 내려 결과를 통보받을 수도 있습니다. 각종 검사에는 혈액 검사나 소변 검사와 같은 기초검사부터 초음파, X-ray, CT

환자와의 상담을 통해 아픈 곳을 치료합니다.

촬영, MRI 등과 같은 첨단 의료장비를 이용한 검사까지 매우 다양한 방법이 사용되고 있어요.

의사는 각종 검사에서 얻은 정보를 기초로 병을 진단하는 일을 해요. 진단이 잘못되면 이 이후에 시작되는 치료 과정이 전부 잘못 될 수 있기 때문에 그만큼 신중을 기하는 과정이이에요.

이 과정에서 약물치료를 할 것인지 수술치료를 할 것인지. 아니면 방사선 치료를 할 것인지 등의 다양한 치료방법과 순서를 결정하고 그에 맞는 처치를 하지요.

외과적 수술이 필요한 경우에는 외과 전문의와 상의를 하고 수술은 외과 전문의와 협업하게 돼요.

의사는 이후 환자가 지켜야 할 일들이나 치료 과정의 스케줄, 환자 주의사항, 예방법 등에 대해서도 상담하며 병에 지친 환자의 마음을 어루만지고 향후 이루어질 치료에 대한 긍정적 메시지와 용기를 북돋으며 정서적 안정을 취할 수 있도록 돕습니다. 의사가 해야 할 가장 중요한 일이 아닐까 생각해요.

💬 의사가 되려면 무엇을 준비해야 할까요?

의사가 되려면 무엇을 준비해야 할까요? 라는 질문을 여러분에게 한다면 아마 여러분들은 마음속으로 이렇게 외칠지 몰라요.

'당연히 공부를 엄청 잘해야지요! 저는 의사가 되고 싶지만 성적이 안 될 것 같아 포기할래요!'

아쉽게도 이 말이 정답일지도 몰라요. 모두 알고 있듯이 의사가 되기 위해서는 반드시 의대에 들어가야 하고 의대를 들어갈 성적이 되려면 전국의 0.03%의 성적을 가져야 한다고 하니까요.

하지만 성적을 이야기하기 전에 꼭 당부하고 싶은 말이 있어요. 의사라는 직업은 사람의 생명을 다루는 직업이니만큼 사회적 책임도 매우 큰 직업이에요.

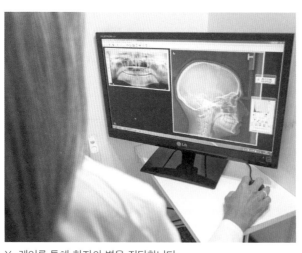
X-레이를 통해 환자의 병을 진단합니다.

그리고 아픈 환자를 치료하기 때문에 스트레스도 많은 편이지요. 따라서 일에 대한 사명감과 책임의식이 있지 않으면 견디기 힘든 일이지요. 또한 의대에서는 인체 해부실습 과정을 거쳐야 하며 실제 의사가 되어

서도 다양한 환자를 만나게 될 거예요.

이러한 과정을 견뎌낼 수 있는 강한 정신력을 가지고 있어야 해요. 단순히 돈을 많이 벌어서 안정된 직장이라는 생각만으로 의사가 되겠다는

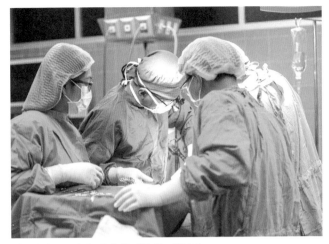

외과의사는 수술을 통해 환자를 치료합니다.

생각을 하고 있다면 잠시 생각을 좀 해 봐야 할 대목이에요. 실제로 인체해부실습 과정을 넘지 못해서 의사의 길을 포기하는 학생들도 있다고 해요.

의사가 되기 위한 10여 년의 과정은 굉장히 고되고 힘든 과정이에요. 무엇보다도 해야 할 공부가 엄청나게 많거든요. 그래서 의사가 되려는 사람에게는 강한 정신력과 강한 체력을 요구해요.

모든 일에는 힘든 점이 있지요. 하지만 앞서 언급했듯이 의사라는 직업은 자신의 적성과 맞지 않는데도 무조건 고소득 전문직이라는 이유로 선택하기에는 매우 힘든 일이 될 수도 있어요. 의사가 되려면 반드시 의대에 입학해야 하거든요. 그러니 히포크라테스 선서를 한번 살펴보고 의사로서 많은 사람들을 살리는 일을 하고 싶다는 열정이 있다면 지금부터 준비해야 해요.

우리나라는 전국 41개 대학에 의과대학이 개설되어 있어요. 의과대학은 총 6년제이며 의예과 2년, 의학과 4년을 거치고 국가고시인 의사면허시험에 합격하면 의사로서 활동할 수 있어요.

이렇게 의대를 졸업하고 의사면허시험에 합격한 의사를 '일반의'라고 해요. 일반의는 특정 진료과목에 상관없이 모든 과목에 대해 의료행위를 할 수 있으며 병원을 개업할 수도 있어요. 이렇게 일반의로서 의사 생활을 시작할 수도 있지만 자신의 역량을 좀 더 높이고 싶은 사람들은 실습병원에 나가 전공의로서 인턴과 레지던트 과정을 거치게 돼요.

인턴은 1년 과정이며 전공과목을 정하고 레지던트로서 3~4년의 과정을 거쳐 전문의 시험에 합격하면 '전문의사'가 될 수 있어요. 우리 주변에서 볼 수 있는 피부과 전문의, 내과 전문의라고 적혀 있는 병원의 의사 선생님들은 인턴, 레지던트 과정을 거쳐 전문의 과정을 이수한 분들이에요.

전문의는 자신의 전공에 따라 매우 세분화되어 있어요. 우리나라에는 내과, 외과, 산부인과, 이비인후과, 안과, 피부과 등 총 26개의 전문 분야가 있으며 모든 과에서 전문의를 배출하고 있다고 해요.

✍ 의사의 전망은 어떤가요?

여러분은 혹시 '왓슨'이라는 인공지능에 대한 이야기를 들어 본 적이 있나요? 왓슨은 미국의 IBM사에서 개발한 인공지능으로, 지금은 의료와 법률 분야에 사용되고 있어요. 왓슨은 사람이 40년간 읽어야 할 의료 논문을 며칠만에 분석할 수 있으며 많은 경험과 데이터가 필요한 진단 영역에 활용되고 있어요.

처음 왓슨이 등장했을 때 사람들은 의사라는 직업도 인공지능과 로봇에게 내주어야 할지도 모른다며 걱정했어요. 미국의 병원들은 진단을 위해 왓슨을 사용하고 있고 실제 불치병인 암 환자의 병의 원인을 밝혀내는 등 왓슨의 활약이 두

IT의 발달로 더 많은 질병의 치료가 가능해지게 되었습니다.

드러진 경우도 있었어요.

지금은 왓슨에 대해서 많은 사람들이 찬반양론에 휩싸여 있지만 의료계의 큰 방향은 왓슨과 같은 첨단 인공지능과 정밀한 수술을 할 수 있는 수술로봇을 활용하는 쪽으로 발전하게 될 거에요.

이미 수술 분야에서는 고도의 정밀한 수술에 로봇을 활용하고 있어요. 최소한의 개복으로 상처를 적게 내고 의사의 실수 또한 최소화할 수 있는 로봇수술은 외과수술 분야에서 매우 획기적인 발전을 가져왔어요. 다빈치, 로보닥, 올소닥, 이솝 등이 바로 대표적인 수술로봇으로 현재 임상에서 활발하게 사용되고 있다고 해요. 또한 다빈치와 같은 경우는 300만 건 이상의 수술에 사용되었으며 유럽과 미국의 모든 대학병원에 활용되고 있을 정도로 보급되어 있다고 해요.

이렇듯 의료 분야는 첨단 의료기기의 발전으로 인해 의사의 설 자리가 점점 줄어들고 있는 것처럼 보이지요. 하지만 아무리 첨단기기가 발달해도 의사는 없

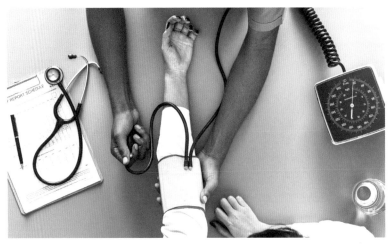

기초 진료부터 수술까지 의사의 역할은 앞으로 어떻게 변할까요?

어서는 안 될 직업이에요. 왜냐하면 왓슨과 다빈치는 의사가 활용할 수 있는 아주 훌륭한 도구일 뿐이기 때문입니다.

반복 작업을 해야 하고 정밀한 작업을 해야 하는 일들은 왓슨과 다빈치가 더 잘 할 수 있을지 몰라요.

하지만 왓슨과 다빈치는 환자의 심리 상태와 마음을 읽어 낼 순 없어요. 이제 힘들고 어려운 수술과 데이터양이 많으면 많을수록 유리한 기계적인 일은 왓슨과 다빈치에게 맡기고 의사는 좀 더 환자에게 다가가는 의료 상담가의 역할을 더 충실히 할 수 있을 거예요.

바쁜 스케줄에 쫓기고 어려운 수술에 대한 스트레스 때문에 환자의 정신적 육체적 상담가로서의 역할을 많이 할 수 없었던 의사들의 환경이 이제 4차 산업의 발달과 함께 다시 한번 바뀌게 될 거라 예상돼요.

또한 사물인터넷과 의료 웨어러블의 발달은 병원의 의료서비스가 환자 한명

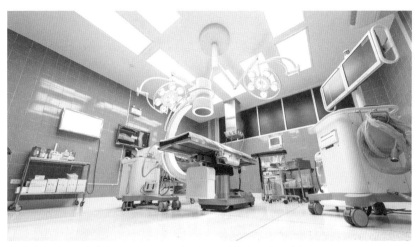
수술실은 사물은터넷과 의료 웨어러블의 발달로 진화하고 있습니다.

한명에 대한 밀착형 홈 케어 서비스로 발전할 거라고 보이며 이러한 환경변화는 전문의료 상담가로서 의사들의 직무를 바꾸게 할지도 몰라요.

현재 전 세계는 길어진 수명으로 인한 건강한 노후생활에 대한 열망, 웰빙 문화 확산, 높아진 의료지식으로 각종 사전검사를 통해 병을 예방하는 것에 더 큰 관심을 쏟고 있어요.

이러한 사회적 분위기는 계속 확산될 것이고 다양한 의료서비스를 요구하면서 의사의 역할은 더욱 중요해지고 커질 것으로 전망하고 있습니다.

수의사

수의사란 무엇일까요?

수의사는 가축을 비롯한 반려동물과 야생동물에 대한 기초 지식을 바탕으로 동물 병에 대한 진단과 치료 및 예방과 연구를 하는 동물의학 전문가를 말해요.

수의학은 무엇인가요?

수의학은 크게 기초 수의학, 예방 수의학, 임상 수의학으로 나뉘어져 있어요. 기초수의학은 수의 해부학, 수의 독성학, 수의 조직학, 수의 발생학 등의 동물들의 신체에 대한 기초지식을 배우는 학문이에요.

예방 수의학은 수의병리학, 수의공중보건학, 수의바이러스학, 수의기생충학 등으로 나누어지며 동물들에게 발생할 수 있는 다양한 질병을 연구하고 예방하는 학문이에요. 우리에게 가장 친숙한 분야인 임상수의학을 전공하신 임상수의

천만 반려동물의 시대에서 동물 병원의 역할은 커져가고 있습니다.

사 선생님들은 '동물병원'에 가면 만날 수 있어요.

아픈 가축이나 반려동물의 병을 진단하고 치료하는 학문이 임상수의학인 것이죠. 임상수의학의 분야로는 수의 내과학, 진단학, 외과학, 산과학, 마취학, 방사선학 등이 있으며 반려동물의 수가 증가하고 반려동물에 대한 인식이 변화함에 따라 임상수의학의 종류가 점점 세분화되고 전문화되어 가고 있는 추세예요. 동물병원 또한 종합병원과 같이 대형화되어 가고 있어서 다양한 분야의 전문 임상수의사들이 진출하고 있답니다.

💬 **수의사가 하는 일은 무엇일까요?**

전공과 진출 분야에 따라 수의사가 하는 일은 매우 다양해요. 예방수의학을 전공해 공무원으로 진출할 수도 있고, 동물 세약회사나 검역소, 동물 질병연구소, 마사회 등 관련 민간기업이나 정부 산하기관에서 일을 할 수도 있으며 임상수의학을 공부하고 임상 전문 수의사가 되면 대형 '2차 종합동물병원'이나 개인적인 '1차 동물병원'을 창업하기도 하지요.

먼저, 우리가 가장 많이 접할 수 있는 임상수의사들이 하는 일을 살펴볼까요?

임상수의사

임상수의사들은 전공에 따라 대동물과 소동물 임상 전문의로 나뉘고 있어요. 대동물은 집에서 기르는 반려동물과는 달리 식용이나 특수한 목적을 위해 기르는 동물로서 산업동물이라고도 해요. 내표적인 대동물로는 소, 말이 있으며 넓은 의미의 산업동물에는 돼지와 닭도 포함돼요.

소동물은 반려동물을 말하는 것으로 개와 고양이를 비롯해 기니피그, 햄스터, 고슴도치, 도마뱀, 새 등 다양한 종류가 있지요.

대동물 임상의

대동물 임상의는 축산과 양돈 등 가축을 기르는 농가의 질병예방을 위해 방역과 소독하는 일을 하며 전염병 예방을 위한 예방주사 접종과 분만에도 참여해

대동물 수의사는 직접 현장 진료를 합니다.

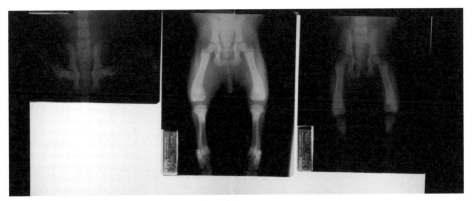
동물 병원에서 치료를 위해 찍은 반려동물의 X-레이.

요. 대동물들은 주로 수익을 위해 기르는 동물들이다 보니 불쾌한 환경조성을 막고 콜레라, AI 등 전염병으로 인한 집단 폐사의 위험으로부터 지켜낼 수 있어야 해요. 가축들이 건강하게 자랄 수 있도록 모든 의학적 조치를 취하며 사전에 예방하는 일이 대동물 임상의들의 주 업무 중에 하나이지요. 또한 정확한 가축 사육의 지식을 잘 알지 못하는 농가들에게는 산업동물 관리 교육을 시키기도 하며 수익을 올릴 수 있는 산업동물에 대한 컨설팅도 한다고 해요.

소동물 임상의

우리에게 가장 친숙한 수의사들이 소동물 임상의들이에요. 개나 고양이를 비롯한 새, 고슴도치, 기니피그, 파충류에 이르기까지 다양한 반려동물을 진단하고 치료하며, 내과, 외과, 산부인과, 안과 등 다양한 진료과목에 걸쳐 진단과 치료를 해야 하기 때문에 임상수의사가 된 이후에도 끊임없는 공부가 필요합니다.

하지만 요즘은 소동물 임상수의사들의 진료과목이 외과 수술 전문의, 안과 전문의, 내과 전문의, 치과 전문의 등으로 세분화되어 가고 있는 추세입니다. 치료하는 반려동물 또한 개, 고양이, 조류, 파충류, 어류 등 종류에 따른 전문임상수의사들이 생기고 있고요.

소동물 수의사들은 촉진(만져보는 것), 시진(보는 것)과 함께 X-레이나 초음파 등을 이용하여 아픈 동물들의 병의 원인을 검사하고 진단하여 상황에 따라서는 가벼운 처치와 수술을 통해 치료해요. 또한 약을 처방하고 정확한 복용법과 사후 관리에 대한 주의사항 등을 반려인들에게 설명하지요.

연구의

정부 산하 기관이나 연구소 등으로 진출하는 수의사들도 있어요. 이들은 동물들의 각종 질병 예방과 품종 개량, 동물매개 전염병을 위한 연구와 약품 개발 등을 해요. 또한 각종 실험동물도 관리해요.

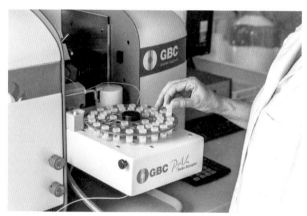

연구의는 동물 치료를 위한 다양한 연구를 합니다.

수의직 공무원으로 진출하면 농림축산검역본부나 지자체 공공기관에서 일하며 동물의 사체를 검사하여 사인을 알아내고 수·출입되는 고기와 계란, 우유, 어패류 등의 안전성 검사와 판정하는 일을 해요. 또한 동물들의 전염병이 사람에게 옮기지 않도록 역학조사를 하며 검역과 방역에 대한 대책을 수립하고 시행하는 일도 하지요.

그 외 다양한 진출 분야

수의사들의 진출 분야는 매우 다양하고 넓은 편이에요. 앞에서 언급한 업무 이외에도 경마장의 경주용 말과 동물원, 아쿠아리움의 동물 보건을 책임지기도 해요. 야생동물 보호와 치료를 전문으로 하는 야생동물구조관리센터 등 동물과 관련된 분야라면 어디서든 일을 할 수 있어요.

✒ 수의사를 하려면 무엇을 준비해야 할까요?

수의사가 되기 위해서는 반드시 수의학과를 나와 국가시험에 합격해야 해요. 수의학과는 서울대를 비롯한 전국 국립대와 건국대학교에 개설되어 있어요. 총 6년 과정으로, 수의학의 기초를 배우는 수의예과 2년을 거친 뒤 본과인 수의학을 4년간 공부해요. 이 후에 국가시험에 합격하면 수의사로서의 자격을 얻을 수 있지요.

수의사는 동물과 사람을 모두 대면해야 하는 일이에요. 그래서 수의사는 자기 표현을 할 수 없는 동물을 살피고 반려동물을 걱정하는 반려인의 마음을 잘 살피고 소통하는 자세가 필요하지요.

응급상황이 발생했을 때는 적절한 조치를 위해 냉철한 판단력과 순발력이 요구되며 그 무엇보다도 수의사에게 필요한 마음 자세는 동물을 아끼고 사랑하는 마음입니다.

수의사를 꿈꾸고 있다면 생명에 대한 존중과 따뜻한 마음이 무엇보다 중요하다는 것을 기억하길 바랍니다.

⭐ 수의사의 전망은 어떤가요?

1인 가구와 노령 인구 증가, 핵가족화로 인한 사회 변화는 천만 반려동물 시대를 맞이하게 했어요. 반려동물을 기르는 인구가 증가함에 따라 반려인들은 가족인 반려동물들에게 더 나은 의료서비스를 하고 싶어 해요. 그로 인해 동물병원의 규모는 종합병원으로 대형화되어가고 있고 진료과목 또한 전문화, 세분화되고 있어 임상수의사들의 진출 분야가 넓어지고 있어요. 동시에 임상수의사들은 훨씬 까다로워진 고객을 대면해야 하며 보다 전문적인 의료실력을 요구받고 있습니다.

우리나라가 선진화되고 복지에 관심이 많아지면서 다양한 동물 질병과 복지 또한 중요해지고 있습니다. 이에 따라 구제역이나 돼지 콜레라, AI(조류독감) 등과 같은 동물 전염병의 검역과 방역에 국민적 관심이 모아지고 있으며 관련 업무를 하는 수의사들 또한 많이 부족한 상황이라고 해요.

우리는 매일 젖소가 생산하는 우유를 마시고 스테이크와 삼겹살을 먹고 사랑하는 강아지와 산책하며 고양이와 아침인사를 나누지요. 특별한 날에는 동물원이나 아쿠아리움을 찾아가 구경하

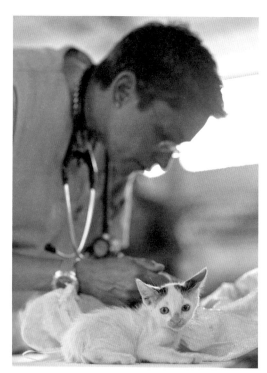

반려동물도 주치의 시대가 되었습니다.

동물원의 동물들에게도 수의사의 도움은 필요합니다.

고 아플 때는 동물실험을 통해 약효를 검증받은 약을 복용하지요. 인간의 삶이 더욱 디지털화되고 개인주의가 심화되어 갈수록 인간은 잃어가고 있는 유대감을 동물들을 통해서 찾으려고 할 거예요. 이러한 변화된 사회 환경 안에서 수의사의 역할은 점점 증대되어 갈 것이고 그 영역 또한 더 확장될 것이라 전망되고 있어요.

물리치료사

물리치료사란 무엇일까요?

물리치료사는 운동요법을 포함한 각종 기구 및 기계 등 물리적인 소재를 이용하여 환자의 통증을 완화시키고 회복시키는 일을 하는 전문가를 말해요

물리치료란 무엇인가요?

물리치료는 말 그대로 '물리적인 방법'을 이용한 치료를 말해요. 물리적인 방법에는 운동요법, 열, 광선, 전기, 공기, 얼음, 전자기파, 초음파, 중력, 물, 도수치료(손) 등이 포함돼요. 이러한 다양한 물리적인 소재와 도구 및 기계, 운동 처방 그리고 사람의 물리적인 힘까지 포함하여 환자의 손상된 부분의 회복을 증진 시키고 통증을 완화시키며 정상적인 기능을 할 수 있도록 돕는 치료법을 물리치료라고 해요.

💬 물리치료사가 하는 일은 무엇일까요?

혹시 어린 시절 아빠나 엄마의 어깨를 주물러 드리고 용돈을 받은 경험이 있나요? 그렇다면 여러분은 자신도 모르게 훌륭한 물리치료사의 역할을 해 온 것입니다.

물리치료는 이렇게 직접 손의 물리적인 힘을 이용하여 주무르는 것부터 도구, 기계 등을 이용하여 환자의 손상된 부분을 회복시키는 일을 하는 것을 말해요. 그렇다면 지금부터 물리치료사는 어떤 일을 하는지 자세한 내용을 알아볼까요.

먼저, 물리치료사는 의사의 처방과 환자의 상태를 기록한 환자 기록지를 통해 환자의 상황에 맞는 치료계획을 잡아요. 환자가 걸을 수 있는지 근력 정도는 어느 정도인지를 파악해야 그에 맞는 적절한 강도의 운동이나 도구사용을 할 수 있기 때문이지요. 이 후 환자의 상태에 따른 적절한 열, 전기, 광선, 물, 운동 등 '물리적 방법'을 이용한 치료를 해요.

일반적으로 물리치료는 전 영역의 진료과목에 적용될 수 있지만 우리가 흔히 보는 곳은 정형외과나 신경외과 등 외상이나 뼈, 관절, 근육 등의 치료가 많이 이루어지는 과목이지요.

물리치료의 예는 다양하지만 흔하게 적용되는 분야는 뼈와 관절의 통증치료, 소아마비와 뇌

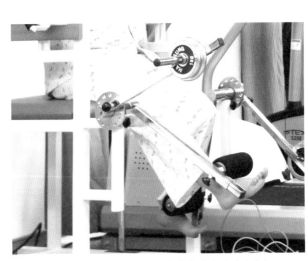

물리치료의 종류와 방법은 환자의 상태에 따라 결정됩니다.

성마비 환자의 교정, 산
모, 운동선수의 부상 예
방과 부상 후 재활치료
등이 있어요. 이 밖에도
관절, 근력, 반사 검사
등의 검사를 실시하며
스트레칭, 근력강화운
동, 보행훈련 등 운동 치
료도 담당한다고 해요.

재활치료도 물리치료의 한 분야입니다.

　치료 후에는 환자의 치료 과정을 기록하여 다음 치료에 참고가 되도록 해요.
각종 물리치료에 사용되는 도구나 기계를 관리하고 환자와 보호자에게 생활습
관과 집에서 관리를 어떻게 해야 하는지 등에 대해 상담하고 교육하는 일도 물
리치료사의 업무 영역이에요.

✒ 물리치료사가 되려면 무엇을 준비해야 할까요?

　물리치료사로 일하기 위해서는 반드시 물리치료 학과를 졸업한 뒤 국가면허
시험에 합격해야 해요. 물리치료학과는 전문대(3년제)와 일반 사립대(4년제)에
개설되어 있어요. 대학원 과정에서는 더 심도 깊은 공부를 할 수 있어요.
　물리치료사는 보건의료 분야에 속하는 직업군으로 병원, 재활원, 복지관, 보건
소, 보건직 공무원, 스포츠팀 전담 물리치료사, 스포츠연구소 등 진출 분야가 매
우 다양해요. 또한 미국이나 호주, 캐나다 등 해외 취업도 가능해요. 이 경우에

는 각 나라에서 요구하는 시험을 다시 보고 어학 실력도 갖추어야 하기 때문에 더 많은 노력과 준비를 해야 하지만 글로벌 시대인 만큼 해외로 나가서 역량을 높여보는 것도 좋은 기회가 될 수 있겠지요.

물리치료사는 다른 분야의 의료 전문가들과 협업을 하는 경우가 많고 불편한 환자들을 대면해야 하기 때문에 소통 능력과 환자의 마음을 잘 이해하려는 공감 능력이 매우 필요한 일이에요.

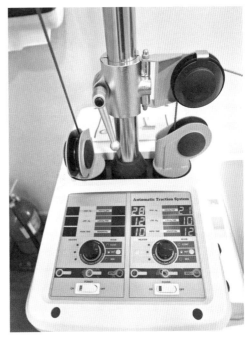

물리치료 기계.

⭐ 물리치료사의 전망은 어떤가요?

물리치료사는 오래전부터 높은 취업률을 자랑하는 직업군이었어요. 보건의료 분야 중에서 비교적 근무환경이 좋은 편이며 사회적 수요가 많기 때문이지요. 그리고 앞으로도 물리치료사의 취업률은 높을 것입니다. 고령화 사회로 접어들면서 노인 인구의 증가와 요양병원, 재활병원, 노인전문병원 등 좀 더 세분화된 의료서비스가 생겨나면서 물리치료사의 진출 분야가 확대되고 있기 때문이지요.

또한 뼈와 근육에 대한 질환들은 나이가 들면서 다수의 사람들에게 흔하게 발병하는 증상으로 많은 사람들이 수술적인 처치보다 비수술적인 처치를 더 선호하는 편이 많아 물리 치료가 많은 도움을 주고 있지요. 그런 면에서 물리치료는 매우 접근하기 쉬운 치료방법이기도 해요.

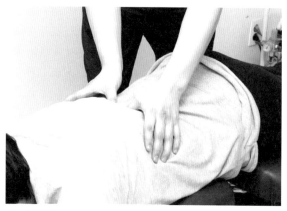
도수치료를 받고 있어요.

　물리치료사는 보건소나 보건직 공무원으로 근무할 수 있으며 스포츠 분야나 해외진출도 가능하지요. 유명한 스포츠 선수들은 전담 물리치료사가 있을 정도로 스포츠 선수들에게 물리치료는 필수적인 부분이에요. 경기 중에 발생한 부상의 치료나 완화, 예방과 재활 등 다양한 부분에서 스포츠 선수들에게 물리치료사는 꼭 필요한 전문가이지요.

　물리치료사는 해외에서도 고소득 전문직으로 알려져 있어 우리나라의 물리치료사들의 해외 진출도 많은 관심을 받고 있다고 해요. 의사의 처방에 따라 처치해야 하는 우리나라와 달리 미국에는 물리치료사의 전문성을 인정해 주고 있기에 환자들은 정형외과를 거치지 않고 전문 물리치료 클리닉에서 물리치료사와 상의하여 치료받는다고 해요. 대신 대학원에서 임상 박사학위가 필요하다고 하니 그만큼 공부해야 할 영역도 넓어지고 어려워지겠지요.

　사회가 복잡해지고 다양해질수록 더 나은 의료서비스에 대한 사람들의 욕구 또한 높아지는 만큼 물리치료사가 활동할 수 있는 무대는 점점 더 다양하고 많아질 거라 전망돼요.